历史面面观
ALL ABOUT HISTORY

UNCOVER THE PEOPLE & PLACES THAT SHAPED OUR WORLD

古代文明史

揭秘塑造我们世界的
人物和遗迹

[英] 凯瑟琳·马什 — 编著

崔学森 李应鹰 — 译

希腊 波斯 埃及 巴比伦 罗马

ANCIENT CIVILISATIONS

审图号：GS（2023）320号

著作权合同登记号：京权图字01-2021-6978号

FUTURE

Articles in this issue are translated or reproduced from All About History: Ancient Civilisations, Second Edition and are the copyright of or licensed to Future Publishing Limited, a Future plc group company, UK (2020). Used under license. All rights reserved.
All About History is the trademark of or licensed to Future Publishing Limited. Used under license.
Simplified Chinese edition copyright: 2023 New World Press Limited.
All rights reserved.

图书在版编目（CIP）数据

古代文明史 /（英）凯瑟琳·马什编著；崔学森，李应鹰译. -- 北京：新世界出版社，2024.5
（历史面面观）
ISBN 978-7-5104-7699-0

Ⅰ.①古… Ⅱ.①凯… ②崔… ③李… Ⅲ.①世界史－古代史－文化史 Ⅳ.①K12

中国国家版本馆 CIP 数据核字（2023）第 082704 号

古代文明史

编　　著：	[英]凯瑟琳·马什
译　　者：	崔学森　李应鹰
审　　校：	崔学森
责任编辑：	魏芳芳
装帧设计：	左左工作室
责任校对：	宣　慧　张杰楠
责任印制：	王宝根
出　　版：	新世界出版社
网　　址：	http://www.nwp.com.cn
社　　址：	北京西城区百万庄大街 24 号（100037）
发 行 部：	（010）6899 5968（电话）　（010）6899 0635（电话）
总 编 室：	（010）6899 5424（电话）　（010）6832 6679（传真）
版 权 部：	+8610 6899 6306（电话）　nwpcd@sina.com（电邮）
印　　刷：	小森印刷（北京）有限公司
经　　销：	新华书店
开　　本：	787mm×1092mm　1/16　尺寸：185mm×260mm
字　　数：	281 千字　印张：13
版　　次：	2024 年 5 月第 1 版　2024 年 5 月第 1 次印刷
书　　号：	ISBN 978-7-5104-7699-0
定　　价：	78.00 元

版权所有，侵权必究
凡购本社图书，如有缺页、倒页、脱页等印装错误，可随时退换。
客服电话：（010）6899 8638

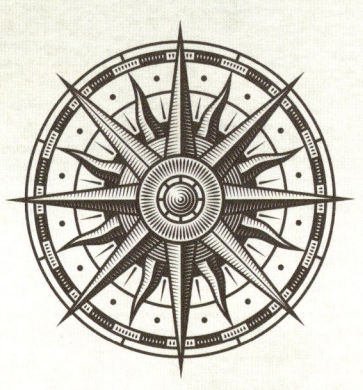

欢迎阅读
"历史面面观"系列之
《古代文明史》

本书将带你游览古代文明,你会发现世界各地的古代文化。你可以和玛雅人玩波塔波游戏,漫步巴比伦的街道,亲近兵马俑,我们将向你展示欧洲、亚洲、非洲和美洲一些有趣、令人兴奋的古代文明。所以,翻开本书,让时光倒流回2000年前,随我们一起揭开古代世界生活的真面目。

CONTENTS 目录

4 失落的文明

亚洲

19 印度河流域文明
25 阿卡德帝国
32 孔雀王朝
36 巴比伦王国（公元前597年）
38 古中国的秘密
52 古匈奴的兴亡
58 朝鲜三国时代
67 斯基泰人
68 波斯的黄金时代
76 纳巴泰人
79 塞琉西帝国

非洲

83 古埃及王国
97 库施王国
105 诺克文明
107 阿克苏姆王国

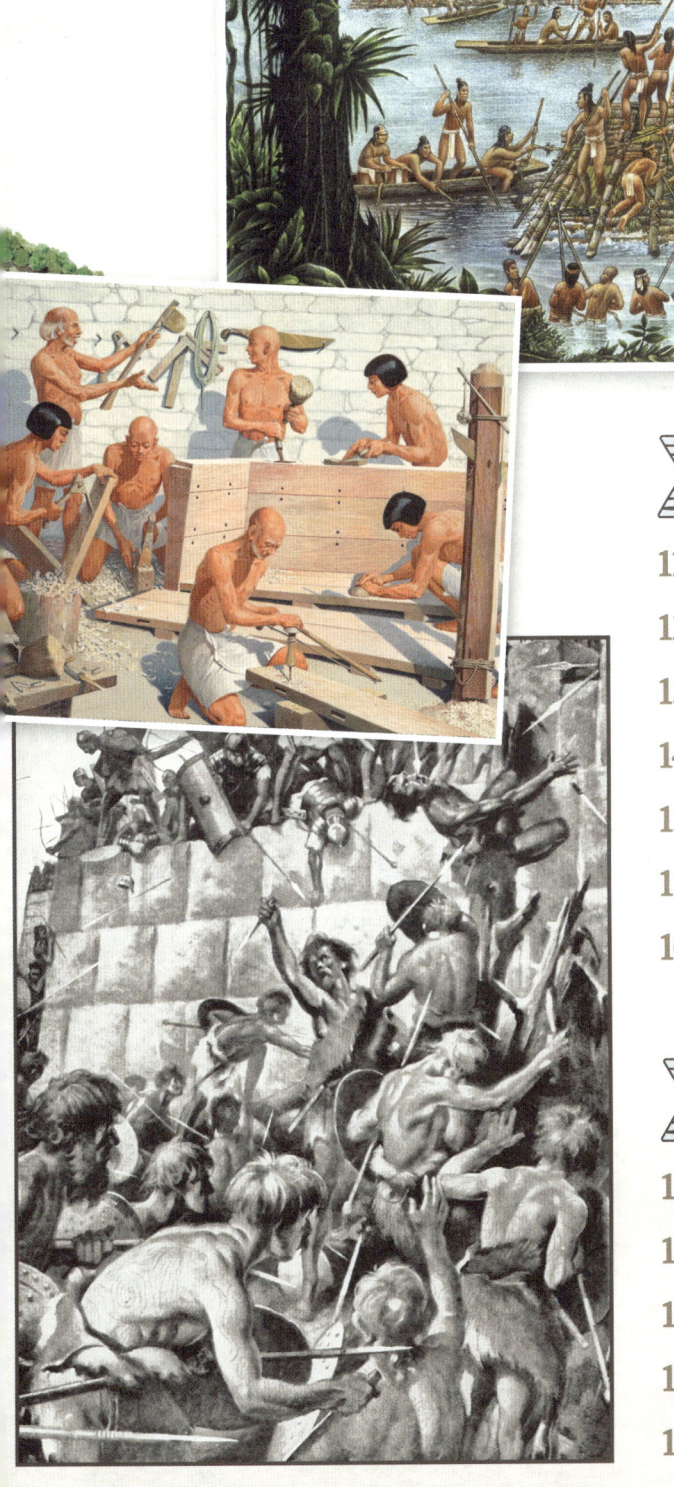

欧洲

- 116　希腊城邦
- 127　凯尔特人
- 131　古罗马
- 148　古代海上民族
- 153　迈锡尼人
- 154　皮克特人
- 163　马其顿王国

美洲

- 171　玛雅人的秘密
- 183　津巴亚文明
- 184　奥尔梅克文明
- 192　查文文明
- 194　小北文明：美洲古人

失落的文明
LOST CIVILISATIONS

六个被遗忘的超级王国
塑造了我们今天所知的世界

历史通常被认为是由胜利者书写的。考虑到人们对罗马人、埃及人和希腊人的重视，这个观点并无错处。然而，古代世界有许多其他的文化和王国也帮助塑造了人类历史，并加深了人类对地球的征服程度。这些帝国最初都拥有繁华的大都市和独特的文化，然而其中一些国家很不幸地遇到了所向无敌的罗马军团或希腊重装步兵的征服，另一些则受到了来自毁灭性自然灾害的打击。此外，这些文明衰落的原因一直笼罩在迷雾之中，关于它们如何以及为何突然消失的猜测层出不穷。后来，有关它们的大部分影响和记忆被世人所遗忘了。

幸运的是，从倒塌城市的废墟到我们今天仍旧使用的制度和体系，现代世界充满了经得起时间考验的线索。这六个被遗忘的文明对人类进步的贡献之大可能不如那些更著名的文明，但它们在贸易、建筑和战争的演变中是不可或缺的一环。

让我们来探索那些建造了第一个高架渠、发明了365天历法、熔炼了第一批铁质武器，甚至建造了第一个动物园的文明。继续读下去，让我们了解那些与埃及人互相竞争并在两次自然灾害中幸存下来的文明，这些自然灾害虽然撼动了他们遥远的小岛家园，但并没有毁灭他们的发展道路。现在让我们一起来了解地球上伟大的失落文明。

赫梯帝国

埃及最大的对手，赫梯人是战车的掌控者

地点：土耳其、叙利亚和伊拉克
时间：公元前 1700 年—前 700 年
优势：战车制造，铁器制造工艺，戒备森严的哈图萨城
弱势：与埃及人旷日持久的竞争，城邦没有政治统一，经济发展缓慢
惊人的事实：赫梯人的战斧形状像人的手

在鼎盛时期，赫梯帝国的实力曾与更著名的埃及王国相抗衡，其威胁之大迫使埃及法老拉美西斯二世在历史上规模最大的战争——残酷的卡迭石之战后与赫梯人签订和平条约。然而，被亚述帝国灭亡之后，他们悄悄从历史长河中消逝，因为他们的文化在每个地区之间有很大差异。赫梯人以建造战车而闻名。在率先制造铁器的文明中，他们的好战文化在被更强大的亚述人征服之前蓬勃发展。

赫梯人的遗迹最早被发现于今天的土耳其、叙利亚和伊拉克境内。像许多其他被遗忘的文明一样，赫梯人的土地被分割成多个城邦，彼此之间没有政治联系。这其中最大的是哈图沙要塞，由国王苏庇路里乌玛布兵防守。

在内战和王位争夺战之后，赫梯帝国于公元前 1160 年崩溃。锡罗-赫梯人四处分散且没有领袖，他们虽在一处定居，但这只是公元前 700 年亚述人入侵之前的一个短暂的喘息罢了。

△ 赫梯人与埃及人进行了一场激烈的战争

古代文明史　　　　　　　　　　　　　　　　　　　ANCIENT CIVILISATIONS

伊特鲁里亚

在罗马人之前，意大利被一个同样先进的文明占领

地点：意大利中部
时间：公元前800年—前250年
优势：建筑专业，铁铜贸易，城市规划
弱势：军队落后，遭人垂涎，受罗马局限
惊人的事实：伊特鲁里亚人发明了我们所熟知的角斗士比武，一种为参与比赛双方提供武器的、具有一定观赏性的运动

　　伊特鲁里亚人的故事开始于后铁器时代的意大利。古伊特鲁里亚人最初居住在我们现在所知的托斯卡纳地区，公元前9世纪和公元前8世纪因其丰富的矿藏、强大的农业和充足的木材资源而发展起来。公元前6世纪，12个城邦结为伊特鲁里亚联盟，伊特鲁里亚文明达到权力顶峰。其主要城市有塔尔奎尼亚、武尔奇、卡尔瑞和维伊，它们的经济建立在与希腊人和迦太基人繁荣的铜铁贸易之上。作为意大利半岛上第一个真正的主要定居点，伊特鲁里亚成了后来在此发展的古代文明的基础。他们是最早推翻国王，由贵族和地方官员组成的知识分子统治的民族之一，他们的建筑和建造技术对罗马的影响不亚于希腊。他们的房子是用地中海炎热阳光烘烤的土砖和木头及石头建造的，有些人

▽ 伊特鲁里亚联盟的主要城市沃尔泰拉的城墙

甚至建造了高层的楼房。当时这些房屋非常先进，和道路桥梁一样使用拱门和拱顶施工技术。这样的房屋被列入首类矩形城市的规划中。甚至拉丁字母和罗马的托加长袍都起源于伊特鲁里亚人。

伊特鲁里亚也因其强大的海上力量而闻名，他们探索了亚得里亚海和爱琴海，在科西嘉岛、撒丁岛甚至西班牙建立了殖民地。罗马文明很大程度上归功于伊特鲁里亚人，但也最终导致了伊特鲁里亚人的灭亡。公元前250年，伊特鲁里亚人的城邦联盟并入新罗马共和国，强大的罗马军事力量被证明是不可抗拒的。

凯瑟琳·洛玛斯博士

凯瑟琳·洛玛斯博士是伦敦大学学院的名誉高级研究员，杜伦大学古典文学兼职导师。

伊特鲁里亚人最重要的遗迹是他们主要城市的墓地，其次是他们的定居点。与希腊人不同的是，他们没有留下令人印象深刻的建筑，但他们的坟墓（很多都有描绘伊特鲁里亚社会、神话和传说的壁画）及其墓葬品是精心打造的。他们最明显、最持久的影响是普及了识字和读写。伊特鲁里亚人是第一批这样做的民族。

我们如何选择

选择哪些"被遗忘的"文明是很困难的，因为这取决于如何定义"被遗忘"这个词。重要的是，我们发现了一些文明，这些文明远不如古代的主要文明（比如罗马和希腊）那样为人所知，但它们也为人类做出了贡献。南美洲有许多文明，但蒂瓦纳库文明因其标志性的金字塔和创新的农业方法而符合入选要求。伊特鲁里亚人和米诺斯人也是不二之选，因为他们完美地符合要求，而赫梯人和腓尼基人都以尚未被广泛讨论的方式对他们的地区和时代做出了贡献。

古代文明史　　　　　　　　　　　　　　　　　　　　ANCIENT CIVILISATIONS

米诺斯

米诺斯人因专业的贸易商和造船商而繁荣

地点：克里特
时间：公元前3000年—前1100年
优势：官僚阶层，造船，冶金知识
弱势：军事薄弱，自然灾害严重
惊人的事实：米诺斯人有一项跳过牛角的运动

在所有失落的文明中，米诺斯文明可能最为神秘。米诺斯人与世隔绝地生活在希腊的克里特岛，他们的社会在几个世纪里几乎没有中断地繁荣发展着。米诺斯文明可以说是第一个欧洲文明，公元前3000年他们首次定居在克里特岛，后来受到邻国希腊和埃及文明的影响，他们经常与这些文明进行贸易。米诺斯文明最初没有中央集权的政府，只有一个灵活的统治体系，以宏伟的宫殿作为主要的行政区域。被称为"tholos"（地下圆形坟墓）的坟墓是米诺斯人的主要建筑代表，连同他们的道路系统、自来水和陶器，都被后来的希腊和罗马文明所吸收。

到公元前2000年，随着葡萄酒、橄榄油、羊毛和布料出口的繁荣，国王开始控制该岛。这是岛上官僚制度和社会等级制度的开始，贵族和农民构成了早期的封建制度。妇女在社会中也扮演着重要角色，她们担任行政人员和女祭司，享有与男子相同的权利。正是这种团结使米诺斯人成为如此非凡的民族。

◁ 克诺索斯宫殿是克里特岛最大的青铜时代考古遗址

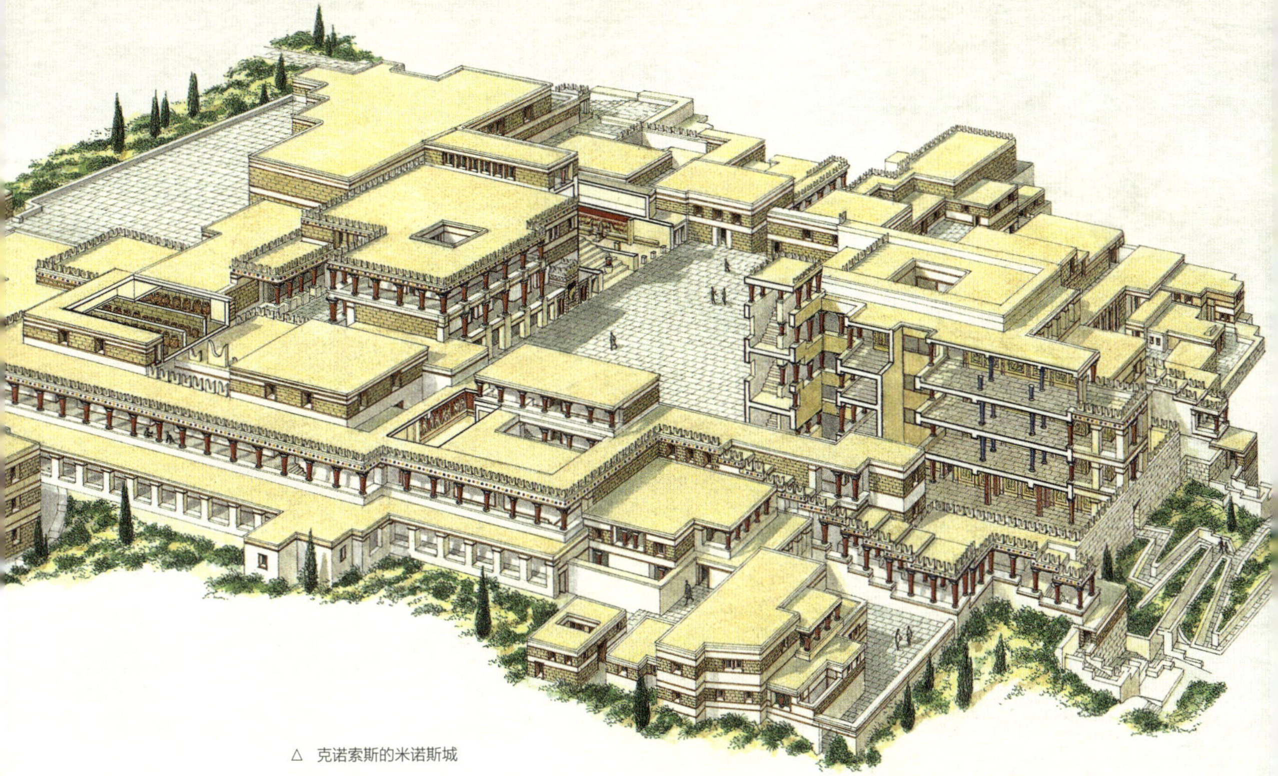

Lost Civilisations　　　　　　　　　　　　　　　　　　　　　　　　　　　　　　　　失落的文明

△ 克诺索斯的米诺斯城

米诺斯人拥有强大的海上力量，这有利于他们进口大量的铜、银和金。公元前1700年左右，一场地震摧毁了米诺斯文明的许多居住点。他们设法从这次自然灾害中恢复过来，但现在他们在地中海有了竞争对手：希腊人和迈锡尼人开始威胁他们的贸易利益，特别是当米诺斯人已经扩展到其他希腊岛屿，如锡拉岛、罗多斯岛、米洛斯岛和基提拉岛时。

公元前1375年，岛上最大的城市克诺索斯被摧毁，他们变得更加不幸。这场灾难究竟是由一股入侵力量造成的还是由火山爆发造成的，历史学家们对此争论不休，但无论如何，这削弱了米诺斯人的力量。公元前1100年，米诺斯将被一股入侵力量所灭绝。克里特岛人民归顺了雅典。米诺斯人再也没有出现在历史长河中。

尼科莱塔·莫米利亚诺博士

尼科莱塔·莫米利亚诺博士是布里斯托大学爱琴海史前学的爱好者，也是米诺斯考古专家。

我不会说米诺斯文明被"遗忘"了——相反，我想说它不如罗马、希腊或埃及文明出名，其中主要有三个原因。首先，米诺斯文明为学者和普通大众所熟知的时间要短得多，直到20世纪初它才被大众重新发现；第二，它们在更小的地理区域上留下了印记；第三，他们的文物和纪念碑虽然令人印象深刻，但不像埃及人、希腊人和罗马人的那样宏伟壮观。

古代文明史　　　　　　　　　　　　　　　　　　　　　　　　　　　ANCIENT CIVILISATIONS

腓尼基

这是一个由专业商人组成的王国，
这个文明在海上无所畏惧，并殖民了地中海的大片土地

地点：黎巴嫩和以色列
时间：公元前 4000 年—前 332 年
优势：爱好和平、善于外交的城邦国家，海上实力，染料和金属生产
弱势：军事力量微乎其微，没有真正的首都或要塞
惊人的事实：古代奥运会起源于腓尼基

无论是为了贸易还是征服，在陆上运输系统普及之前，走水路都是长途旅程的最佳方式。古代世界最伟大的航海先驱是腓尼基人，直到公元前 332 年被亚历山大大帝消灭之前，他们都牢牢地把控着地中海。在一系列独立的城邦中，腓尼基最大的定居点便是提尔和西顿。他们是一个和平的民族，据说这些城邦从来没有打过仗，这份和平和外交声誉以及珍贵的贸易机会帮助他们在很长一段时间内避免了外族入侵。腓尼基人对与所有国家打交道持开放态度，这让他们可以进行各种商品的贸易。

他们尤其擅长造船（他们是首批发明弧形船身和设计战舰的人）、制造玻璃、珠宝甚至家具。有证据表明腓尼基人的足迹遍布整个地中海，甚至向西延伸到了今天的西班牙和葡萄牙。还有人声称他们曾航行到英国寻找丰富的锡矿。同样不为人知的是，他们被认为是迦太基的缔造者，这座城市后来成为迦太基和罗马帝国的中心。

◁ 腓尼基人对文化、贸易和建筑的影响很大

腓尼基在希伯来语中称为迦南，在希腊语中是紫色的意思，因生产紫色染料而得名，后来这种染料成为希腊及罗马皇室和贵族的专用色。在腓尼基被亚历山大征服之前，波斯人曾于公元前539年入侵了腓尼基人的领土，但马其顿人的入侵更具破坏性，特别是对提尔这座城市来说。大多数像西顿这样的城市都主动投降了，他们不愿与亚历山大强大的军队进行血战。提尔凭一己之力与侵略者对抗，但事与愿违，重装步兵围攻这座岛屿城市达7个月之久，并在攻克防御工事后屠城。马其顿衰落后，公元64年腓尼基成为一个罗马国家，形成了希腊化的社会和文化。

马克·伍尔默博士

马克·伍尔默博士是杜伦大学古典与古代史系研究员，英国杜伦大学科林伍德学院副校长。

长期以来，腓尼基文明一直被认为是一个失落的，或者说是被遗忘的文明，因为腓尼基人几乎完全丧失了他们的文学与文化。在时间的摧残下，历史、编年史、哲学条款、宗教文献或科学文献无一幸免。历史上最具讽刺意味的是，将字母表传到西方的这个文明实际上并没有留下任何文字遗产。直到最近，还没有系统的腓尼基遗址发掘现世，这使这个问题更加复杂。

▽ 腓尼基人以繁忙的港口贸易为基础生活

古代文明史　　　　　　　　　　　　　　　　　　　ANCIENT CIVILISATIONS

亚述

凭借强大的军事力量和巨大的教育飞跃，
亚述人成为一股不可忽视的力量

地点： 伊朗和叙利亚
时间： 公元前 2400 年—前 605 年
优势： 先进科技，铁质武器，重视教育
弱势： 由于邻近其他强大的帝国，管理范围太过分散
惊人的事实： 亚述有几个动物园，因为他们的国王提格拉斯·皮莱瑟十分喜爱动物

▽ 亚述的战争机器围攻拉吉古城，也就是今天的以色列

亚述人与巴比伦人共享美索不达米亚地区（伊拉克、土耳其和叙利亚），但他们之间的差异实在太大了。当巴比伦王国由祭司统治的时候，亚述人已经由国王和将军统治了。这使亚述人成为一股更强大的军事力量，能够大大扩展他们的帝国。

亚述人是亚比勒和尼尼微平原上肥沃土地的受益者，大量的人口聚集在他们最大的城市亚比勒、亚舒尔和尼姆鲁德。他们说阿卡德语，是最早将文字记录在石碑上、羊皮纸上和纸莎草上的民族。

亚述人是驯养动物、陶器、操控火焰和冶铁的先驱者——正是冶铁技术给他们的军事带来了巨大的进步。他们凭借更坚固的铁器征服了手持青铜武器的赫梯人，公元前1245年，赫梯人在尼希里亚之战中被彻底击败。亚述对战败国家的政策是不把他们的人民纳入自己的国家中并且驱逐他们，以确保自己的统治下没有叛乱。只有当个人或群体（比如学者）被认为对亚述社会有贡献时才会出现例外。亚述人最伟大的成就之一是教育，尼西比斯学院被认为是第一所教授神学、哲学和医学的大学。亚述人的教育机构提供了第一个系统的植物和动物列表并展现了其他领域的发展进程，如早期邮政系统。

亚述人也被认为建造了一些最早的渡槽和拱门，并引入了现代计时理念，比罗马人早了几百年。亚述统治美索不达米亚的大部分地区前后持续约1800年，在那里，他们的城市成为具有无所不在的防御工事守卫的大都市。与那个时代其他居点不同的是，亚述人有一个统一的王国，不局限于单独的城邦。王权统治土地，地方长官向中央当局报告。

数字描述中的亚述帝国

15米
首都最厚的城墙厚度达15米

1吨
在入侵耶路撒冷时收缴了1吨黄金

30,000
在亚述图书馆的废墟中发现了3万块泥版

200,000
王国的军队最强大时有20万人

2,100
美索不达米亚万神殿由2100位神明组成

400万
400万人被亚述人驱逐出境

古代文明史　　　　　　　　　　　　　　　　　　　　　　　ANCIENT CIVILISATIONS

亚述人最终灭亡的原因至今仍笼罩在迷雾之中，但人们相信，在与拜占庭帝国不断交战后，他们进入了黑暗时代。亚述帝国崩溃后，犹太人和阿拉伯人大量入侵他们的文明。亚述人最初是基督徒，但在统治者对信徒们征收高额税收后，他们改信伊斯兰教。这有效地终结了"亚述"的概念。亚述人在种族上不同于阿拉伯人和犹太人，这可能是他们变得相对默默无闻的原因之一。

李·L. 布莱斯博士

李·L. 布莱斯博士是西伊利诺伊大学古代历史学家协会的古代史教授和主席。

亚述人扩张他们的帝国，随后被迦勒底人消灭，迦勒底人最后也败给了玛代人和波斯人。亚述军队是古代近东的模范军队，他们的文化和军事遗产对波斯帝国产生了巨大的文化和军事影响。

△ 亚述人是武器和军事战略的革新者

蒂瓦纳库

这个文明证明没有军队，社会也可以生存

地点：玻利维亚
时间：公元 500 年—900 年
优势：优越的农业地理位置，建筑技巧，技艺高超的农民
弱势：没有文字系统，滥用农业土地，没有军队
惊人的事实：蒂瓦纳库的城市是如此宏伟，以至于印加人发现它们时认为它们是神造的

秘鲁最著名的文明是印加文明，其文化从 1200 年左右一直繁荣到 1532 年被西班牙征服之前。然而，在印加人到来之前，蒂瓦纳库部落已经在智利和秘鲁建立了殖民地。

蒂瓦纳库是一个多民族的社会，定居在安第斯山脉河流的上游，至今仍有许多值得铭记的历史遗迹。其中最著名的是卡拉萨萨亚神庙和阿卡帕纳梯形金字塔，它们分别被用作

14

寺庙和观测台。除了这些令人印象深刻的建筑，蒂瓦纳库还有地下排水系统和铺设的街道，城市规划成网格系统。

超过 1 万人居住在他们的首都（也叫蒂瓦纳库），它被认为是世界上最古老的城市之一。他们得益于富饶的的的喀喀湖盆地中的基地，那里有恰到好处的降雨量、食物来源和土地。随后，蒂瓦纳库人成了专业的农民，并开创了一种被称为"防洪台田"的耕作方法，使用了有效的灌溉系统。这些生活富足的人口（首都有超过 50000 块农田）使蒂瓦纳库人得以扩张到南美洲的许多地区。这一文明在 8 世纪达到顶峰，但在 9 世纪神秘结束。没有人确切知道蒂瓦纳库人消失的原因，但人们相信，他们和类似的文化——瓦里文化一样，都是气候剧烈变化的受害者，气候变化摧毁了庄稼，导致大规模饥荒。由于没有自己的文字系统，也从未与西班牙征服者发生过战争，蒂瓦纳库文明成为一个真正被遗忘的文明。

△ 蒂瓦纳库纪念碑至今仍屹立不倒

最伟大的是什么？

在历史研究者的眼中，每个文明都有自己的优点和缺点，但亚述文明毫无疑问是最成功的文明，因为它拥有最大的帝国，而且存在时间最长。然而，如果没有腓尼基人，地中海贸易将会是什么样子呢？如果没有伊特鲁里亚人，罗马还会崛起吗？如果没有两次自然灾害，米诺斯人能活多久？

蒂瓦纳库很可能是"真正的"被遗忘的文明，因为在我们所有的记录中，他们留下的历史线索最少，然后在神秘的环境中消失了。总的来说，在我们的名单中，必须要说的是，最伟大的被遗忘的文明一定是亚述文明，因为它有能力驾驭一个幅员辽阔、人口众多的帝国，而且它的一些后代仍在中东的小块地区游荡，寻找自己的家园。

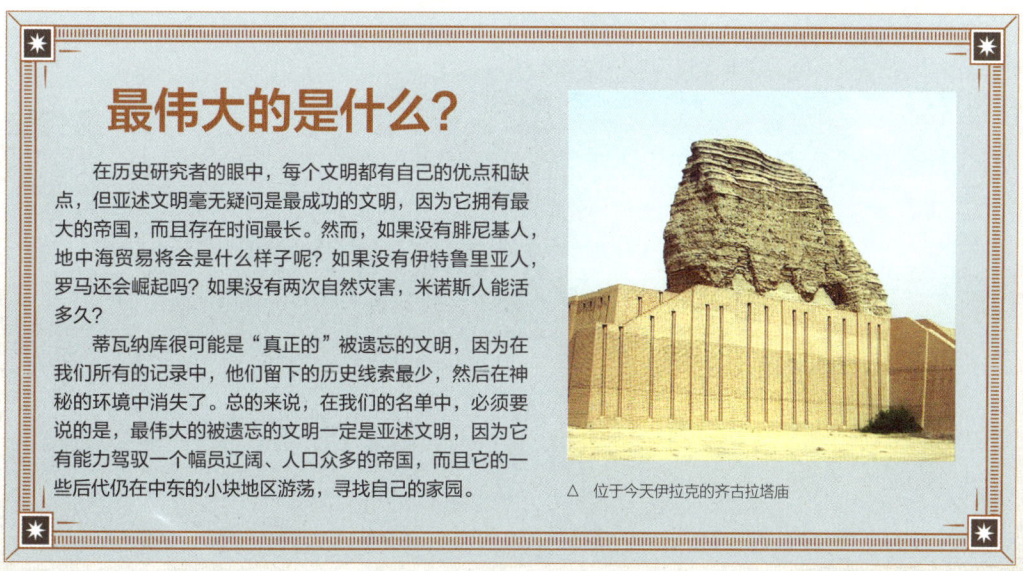

△ 位于今天伊拉克的齐古拉塔庙

亚洲

ASIA

印度河流域文明　19

阿卡德帝国　25

孔雀王朝　32

巴比伦王国（公元前 597 年）　36

古中国的秘密　38

古匈奴的兴亡　52

朝鲜三国时代　58

斯基泰人　67

波斯的黄金时代　68

纳巴泰人　76

塞琉西帝国　79

△ 印度河流域的城市被划分成网格状，通过漫长的道路一直延伸

印度河流域文明
THE INDUS VALLEY CIVILISATION

带着神秘的色彩，
这个旧世界最大的文明开创了网格城市规划和污水处理系统的先河，
却完全消失于历史中长达数千年，静静等待着人们发现

△ "舞女"是一座罕见的印度河流域文明时期铜像，描绘了一个自信的年轻女子正享受着她的青春年华

1826年，一位英国东印度公司的探险家遇到了一座迄今为止只有当地人知道的古城，据推测，这座古城大约有1500年的历史。然而，在不到50年的时间里，废墟中的烧砖被铁路工程师挖走，用以充当道砟。在接下来的几十年里，考古学家们开始把谜题拼凑并逐一解开，最终发掘出一个遗失的文明，其规模和历史远比之前想象的要庞大和久远。这座被掠夺的城市是哈拉帕，是孕育亚非欧最大古文明之一的印度河流域广施影响力的都城。

这个庞大的文明源起卑微，大约在公元前3300年，沿着平行的印度河和哈加－哈卡拉河形成的冲积平原上出现了许多村庄。利用该地区极其丰富的狩猎资源和渔场，印度河流域很快开始收获高产量的小麦、大麦和棉花，并建立谷仓储存大量剩余粮食。当先前的文明与伊朗、阿富汗甚至土库曼斯坦进行贸易时，印

度河流域文明建立了第一条横跨阿拉伯海的海外贸易路线,帮助其主要城市中心积聚权力和财富。在其鼎盛时期,印度文明覆盖面积超过130万平方千米,1500个定居点分布在印度西北部、巴基斯坦大部分地区和阿富汗境内。

到了公元前2600年,山谷中较大的定居点开始成为堪比国家级别的社会,而较小的边远定居点则类似于诸侯领地。绝大多数居民居住在周边的小村庄里,但最强大的城市是以自治城邦的形式存在的。尽管被巨大的泥砖和石头墙包围,但冲突似乎在印度河流域文化中没有占据重要地位,因为在该地区的废墟中几乎没有发现箭头或长矛。相反,文化力量似乎在该文明的塑造过程中起到了主要作用,统一的城市规划、经济和社会体系在这个相当于美索不达米亚和古埃及两倍面积的地区产生了显著影响。

在哈拉帕和摩亨佐－达罗这两个最大的定居点中,各自住着5万居民。由于哈拉帕的显著优势,印度河流域文明经常被称为哈拉帕文明。这些城市拥有共同的城市规划原则,西面是一座由大型公共建筑组成的城堡,东面是一个地势较低的住宅城镇。印度河的城市被建造成网格状,构成了一个个平行四边形,长长的通道从北到南、从东到西延伸——这是城市规划的第一步。印度河流域定居点整齐划一,小到砖头尺寸都有统一规定。

街道是根据风向进行设计的,引导微风穿过城市,并将新鲜空气送入住宅。公共排水沟穿过宽阔道路的中间,并配有收集和清除垃圾的检修孔。私人泥屋围绕中央庭院建造,配有客厅,还配有完善的室内浴室和厕所设施,内衬瓷砖。他们的管道系统与公共排水系统相连,不仅比同时代的先进,而且在很多情况下,比今天印度和巴基斯坦家用的都要好。

市政当局也提供公共厕所,哈拉帕和摩亨佐－达罗都有大型公共浴室,比罗马人早好几个世纪,它们的中心位置表明,除了简单的卫生之外,城市还注重清洁。这意味着仪式上的纯洁性可能在哈拉帕人的心理上起着至关重要的作用,污垢和不洁被认为是不神圣的——这也是后来的印度教传统的源起。

从商人、祭司到控制土地和牲畜的人,城市里的权力似乎已经分散,由不同的职业精英群体共享。然而,住宅区和墓葬区的一致性表明,无论是神职人员、战士、农民、商人或工匠,其社会地位的流动性都高于后来的种姓制度。大多数印度河文明时期的人都有同样的葬礼仪式——将遗体放在棺材里或者裹尸布内,将重要的家具置于其上;墓中还有陶器、珠宝、饰品和个人工艺品,如铜镜或珍珠母贝壳。这些物品显然表明了人们对来世的信仰,但哈拉

> 由于印度河文字系统仍未被破译,该文明真正的文化遗产仍笼罩在迷雾之中,等待着人们去发现

Asia 亚洲

"当村民们放牧、种植,过着相对简单的生活时,大城市却是充满活力的文化、贸易和工业中心"

帕人相对较小的墓地表明并不是每个人都可以被埋葬:其他人可能已经被火化了。

当村民们放牧、种植,过着相对简单的生活时,大城市却是充满活力的文化、贸易和工业中心。工匠是制作金属、宝石和陶瓷的大师,他们生产装饰品和工具,并出口到远方。金属匠人用铜和青铜来制作铸件,将熔化的金属倒入模具中,再加入锡或砷去除气泡。就这样,他们制作了从箭头、斧头到鱼叉和小瓶子的一切东西。除此之外,他们还利用丰富的天然优质棉花生产纺织品。

与此同时,陶工们在圆窑中大量生产陶器,圆窑中有一个炉洞,炉子放置在有孔的地板下面,上面覆盖着圆顶天花板。这些陶器的设计主要考虑到功能,陶匠用粉红色的河泥制作高脚杯、杯子、平底锅和许多其他实用的生活物品。他们还会利用风化技术确保陶器内外釉色一致。

△ 尽管缺乏证据,这座在摩亨佐-达罗发现的罕见雕像仍被命名为祭司王

▽ 印度河流域盛产小麦和大麦,这促使人们开始建造粮仓和磨坊,为该流域快速发展迈出了重要一步

这些陶器还具有如下特征：其背景多是鲜红色，顶部绘有几何和自然意象的黑色图案，比如一个渔夫手拿渔网和鱼竿，脚边放着鱼和乌龟。

早期的印度河定居者用贝壳制作珠子，现在他们变得越来越聪明，用宝石甚至金子制作珠子。工匠们还制作了一种独特的、图案紧凑的、有多种颜色的玻璃彩陶。他们用象牙铸造工具、珠宝和骰子，鞣制兽皮做衣服和船帆。

虽然印度河文明没有产生多少艺术作品，但在摩亨佐-达罗发现的一系列石灰石雕像中，有一件特别奇怪。这座雕像略高于17厘米，刻画的是一个留着胡须、身穿长袍、单肩露在外面的男人——有人猜测他是一位祭司王。青铜雕像则更为罕见，最著名的是"舞女"，刻画的是戴着项链且一只手臂上戴着手镯的女孩正在痛苦地起舞。它的非凡之处不仅在于它的形式，还在于它让舞蹈具有了感官美。

在整个印度河流域，人们用标准化的砝码来交换物品——许多物品都可以在阿曼和美索不达米亚找到。美索不达米亚人也进口洋葱、棉花、硬木、珍珠、玛瑙、孔雀和猴子，作为回报，他们向印度河流域出口原材料、铜、黄金、羊毛制品和香水。当印度河流域的商人生活在美索不达米亚时，美索不达米亚人并没有在印度河流域定居，这表明其处于一个封闭的社会中。

考古学家还发现了数百个小皂石印章，这些印章被用来在软黏土上印出图案和铭文——这很可能是商人使用的，与图章戒指的使用方式相同。最广为流传的印章图像似乎描绘了一位具有夸张女性特征的母亲女神，这是一只独角兽，其形象类似于无肩峰的公牛与羚羊的杂交品种，有着长长的腿和夸张的生殖器。另一

秘密的字母表

仍未破解的印度河文字可能是解开该文明最大秘密的钥匙

印度河流域文明发展出了复杂的文字，具有数百种视觉符号：点、线、几何形状、人类和动物的形态。符号似乎有300到700个，其中一半是基本符号，还有许多复合词——这表明它可能是一个音节文字，每个符号代表一个音节，而不是单个字母。这种地方特有的文字从右到左，从上到下依次排列，用来装饰印章和交易物品，也许是传达所有权信息、一种保护性的祈祷，或者是一种献词。出于行政管理的目的，它也被强加在木质标牌上，用来识别房屋或祝福旅行者。

在印度河流域，语言规则、句子结构和语法似乎是同质的。人们曾多次尝试破译这个字母表，但由于缺少象征意义的类似罗塞塔石碑的载体，都没有成功。让问题更加复杂的是，该绘本中出现的大多数文本只有8个符号长，最长的只有17个符号。另一个困难是图像意义的推断：有的学者看到一条蛇，有的学者看到一个坐着的人。这门语言的消失也许比发明它的文明更加令人困惑，密码破解后必将揭开许多谜团。

▽ 印度河流域的印章上装饰着从右到左书写的难以辨认的符号

△ 牛车，其木轮固定在轮轴上，至今仍被印度河流域的农民使用

▽ 卫生对印度河流域的居民来说很重要：城市里的公共浴室和私人浴室都与复杂的污水处理系统相连

古代文明史　　　　　　　　　　　　　　　　　　　　　ANCIENT CIVILISATIONS

幅印章图像描绘的可能是一个男神，通常被称为湿婆，即野兽之王。他戴着水牛角的头饰，头饰上长着一棵菩提树——据说佛陀就是在菩提树下开悟的——他坐在莲花座上，象征着冥想和内省，有时以三面出现，周围环绕着动物，形成一个曼陀罗。其他印章图像以公牛、狒狒、大象、犀牛、老虎和其他本地动物为特征，通常是雄性动物。

与此同时，陶俑描绘的是女性，她们突出的臀部、大腿、胸部和华美的发型吸引了人们的特别注意。它们似乎象征着对母神的崇拜，也许在仪式上与万物有灵论的信仰结合使用。在卡利班甘和拉吉加希的火坛上发现的牛骨表明，这些牛骨可能用于献祭。由于没有寺庙，宗教仪式很可能在公开场合举行，而分散的祝祷则在家中进行。还有一种可能是，虽然大型城市的大众文化都是同质化的，但即使是遥远的印度农村也可能在改变文化和传统方面发挥了重要作用。

从公元前1900年开始，印度河流域文明迅速衰落，定居点之间越来越孤立，被迫依赖自己的资源和当地的贸易网络。城市规划、工艺等几乎生活的所有方面都失去了一致性。

随着文明的衰败，下水道年久失修，人们只能用废弃的砖块建造质量低劣的房屋，工厂分裂成小作坊。在摩亨佐-达罗，当生者开始埋葬他们的贵重物品时，死者会在废弃的房屋和街道上被草草地送行。

在接下来的500年里，定居点逐渐萎缩并消失，人们逐渐迁移到附近的古吉拉特邦、卡奇平原和东旁遮普的新定居点。在这里，尽管日渐衰落，印度河流域的串珠制造、冶金、陶瓷生产、彩陶和建筑都保留了下来。经过一段时间的中断，传统商人重新接受了哈拉帕人对重量的标准化使用。如今，印度河流域的农民仍在使用同样的木轮牛车。然而，由于印度河文字系统仍未被破译，该文明真正的文化遗产仍笼罩在迷雾之中，等待着人们去发现。

◁ 陶俑似乎刻画了一位具有夸张女性特征的女神

△ 工匠们用贝壳、宝石和一种新型的玻璃彩陶制作各种各样的珠子

▽ 哈拉帕人在结束了一整天的田里或窑里的工作后，喜欢回家玩棋盘游戏

阿卡德帝国
THE AKKADIAN EMPIRE

探索世界上
第一个帝国壮丽崛起和迅速衰落

当 5000 人的阿卡德萨尔贡军队成功征服苏美尔城市乌鲁克时，这成为世界历史上具有里程碑意义的时刻。乌鲁克曾经是世界上最大的城市，人口是敌军的 10 倍。阿卡德王国和苏美尔王国之间的力量平衡已经改变，萨尔贡又占领了 34 座苏美尔城市，并击败了苏美尔的国王卢加尔扎克西。通过征服邻国、建立一个由中央政府统治的多民族领土，萨尔贡在今天的伊拉克建立了世界上第一个帝国。

萨尔贡的崛起富有神话色彩。他最初是基什国王的酒保，后来被任命为园丁。他也接受了清理灌溉运河的重要任务，确保农作物可以在炎热的美索不达米亚气候下茁壮生长。这使萨尔贡得以接触到一群纪律严明的工人，这些工人后来组成一支私人军队，最终拥戴他在公元前 2334 年登上王位。

萨尔贡是美索不达米亚几个王国统治者之一，但他有更大的野心。除了征服南方的苏美尔外，他还开始了一系列对附近领土的入侵活动，攫取土地并将其合并成一个帝国。统治从首都阿卡德开始，他的军队冒险向西进入叙利亚和迦南，到达地中海，甚至可能越过地中海到达了塞浦路斯。在东边，位于今伊朗的王国和埃兰人的城市都在阿卡德人的控制之下。在北部，萨尔贡宣称其统治远至安纳托利亚的山脉（位于现在的土耳其境内），而在南部，他的影响到达了马甘（现

> 萨尔贡
> 通过任命他的女儿在
> 乌鲁克担任伊南娜女神的
> 高级女祭司来操纵
> 宗教事务

"帝国军队无情地镇压了反对派，并任命忠诚的统治者来控制被征服者"

△ 阿卡德帝国无情地征服了美索不达米亚的所有反对派，但也试图同化被其征服的人

古代文明史　　　　　　　　　　　　　　　　　　　　　　　　ANCIENT CIVILISATIONS

在的阿曼）。

然而，阿卡德帝国的军队并不总是忠于萨尔贡的指挥。叛乱在埃兰和亚述爆发，但帝国军队无情地镇压了反对派，并任命忠诚的阿卡德政府官员来管理被征服者。

萨尔贡之所以能够建立并保持对如此广阔疆域的控制，无疑得益于他的长寿——在位达56年之久。帝国在继任者的领导下继续发展。当一个成功统治了如此之久的国王去世后，一定程度的混乱是不可避免的，但萨尔贡的两个儿子，瑞穆什和玛尼什图舒，镇压了更多的叛乱。事实上，瑞穆什和玛尼什图舒受到的内部威胁比来自其他强大帝国的外部威胁要多——他们都是被宫中密谋的朝臣暗杀的。

公元前2254年，当玛尼什图舒的儿子纳拉姆辛继承王位时，阿卡德帝国准备恢复征服政策。叙利亚的埃布拉和阿玛奴姆王国落入新国王之手，而他的军队冒险深入安纳托利亚，与赫梯人作战。纳拉姆辛在位的36年是帝国的鼎盛时期，同时也迎来了第二个征服的黄金时代。

然而，阿卡德帝国不仅仅拥有一支强大的军事力量，还拥有繁荣的经济，尽管它几乎完全依赖于农业。两条肥沃的土地带使它成为该地区的粮仓：一条在美索不达米亚北部，靠降雨灌溉；另一条在南部，依靠灌溉渠保持生产力。粮油配给由国家控制，并通过标准化的容器分配。如果一个地区出现短缺，另一个地区将能够弥补。税费可以通过在公共项目中的劳动来支付，比如修建城墙和寺庙，或者在秋天清理重要的灌溉沟渠。牧民可以在运河附近放牧绵羊和山羊，但必须为羊毛、肉、牛奶和奶酪交税。

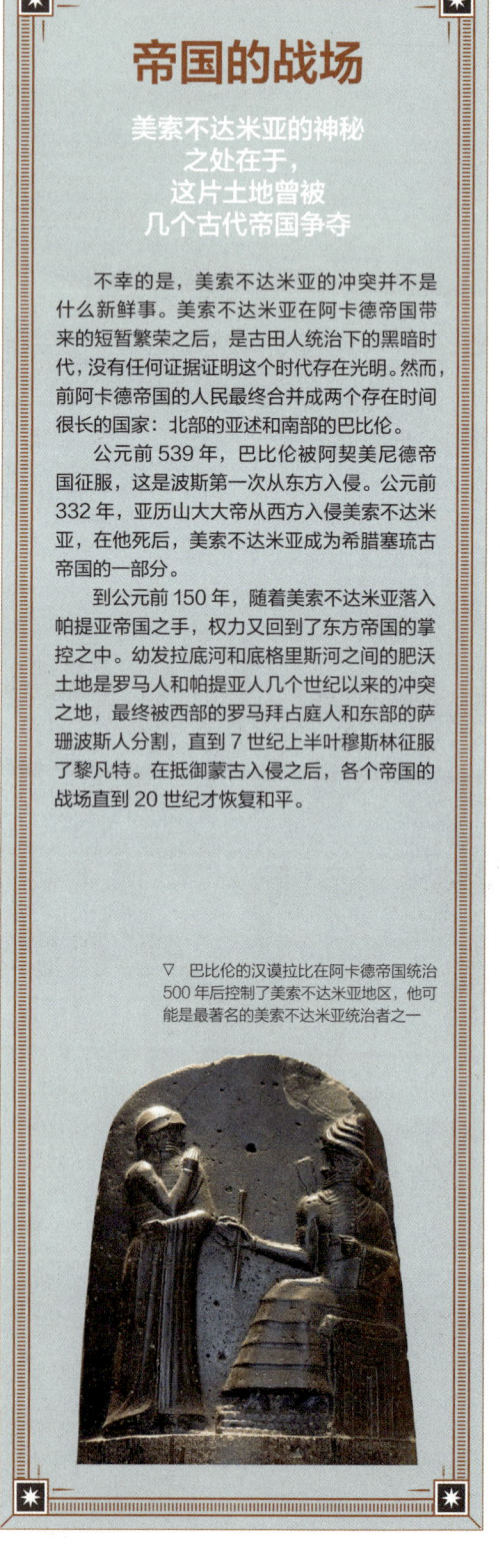

帝国的战场

美索不达米亚的神秘之处在于，这片土地曾被几个古代帝国争夺

不幸的是，美索不达米亚的冲突并不是什么新鲜事。美索不达米亚在阿卡德帝国带来的短暂繁荣之后，是古田人统治下的黑暗时代，没有任何证据证明这个时代存在光明。然而，前阿卡德帝国的人民最终合并成两个存在时间很长的国家：北部的亚述和南部的巴比伦。

公元前539年，巴比伦被阿契美尼德帝国征服，这是波斯第一次从东方入侵。公元前332年，亚历山大大帝从西方入侵美索不达米亚，在他死后，美索不达米亚成为希腊塞琉古帝国的一部分。

到公元前150年，随着美索不达米亚落入帕提亚帝国之手，权力又回到了东方帝国的掌控之中。幼发拉底河和底格里斯河之间的肥沃土地是罗马人和帕提亚人几个世纪以来的冲突之地，最终被西部的罗马拜占庭人和东部的萨珊波斯人分割，直到7世纪上半叶穆斯林征服了黎凡特。在抵御蒙古入侵之后，各个帝国的战场直到20世纪才恢复和平。

▽ 巴比伦的汉谟拉比在阿卡德帝国统治500年后控制了美索不达米亚地区，他可能是最著名的美索不达米亚统治者之一

△ 圆柱上的印章，如这个描绘着坐着的水与智慧之神的印章，被用来在阿卡德邮政系统中封信

阿卡德帝国虽然有丰富的粮食，但缺乏其他资源，特别是金属、木材和石料。可以说，在一定程度上，为了确保这些资源的可靠供应，阿卡德人才开始发掘矿脉。比如安纳托利亚的金牛座山脉有白银，马甘有铜矿，阿富汗有青金石，黎巴嫩有木材。

为了确保家族的皇室地位，阿卡德的君主们充分利用他们广泛的家族网作为战略控制网络。他们让自己的儿子当省长，把自己的女儿嫁给帝国领土的其他统治者。萨尔贡和纳拉姆辛的两个女儿也被任命为国王的高级祭司，这意味着他们家族的权力将会扩及遥远南方影响深远的苏美尔庙宇群。

阿卡德人也试图同化被征服者，建立一个统一的国家。阿卡德语成为美索不达米亚的主要语言，尽管许多人会说双语，并且继续说苏美尔语。帝国内部的通信可以通过支持邮政服务的公路网进行。刻有阿卡德文字的泥板包裹在黏土信封里，信封上标有收信人的姓名和地址，以及寄信人的印章；只有指定的收件人才能打开信封读取里面的内容。美索不达米亚采用的是基于年名的历法，在这个历法中，每一年都有不同的名字，命名则是按照国王在这一年中所立下的功绩确定的。

然而，我们并不太了解阿卡德的首都，阿卡德的位置仍然是一个谜。"阿卡德"这个名字并非源自阿卡德语，这表明这座城市在萨尔贡和他的帝国崛起之前就存在了。阿卡德首都最有可能存在的地点是底格里斯河上，即在现代城市萨马拉和巴格达之间的某个地方——还有130多千米的路程有待探索。

无论他的宫殿在哪里，纳拉姆辛的权力都是如此，他自封为"四方之王"，拥有神格，并建设自己的寺庙。统治者被神化并不罕见——几个世纪前，乌鲁克统治者吉尔伽美什就曾被神化——但这是有记载以来国王第一次被视为神。一篇叫作《阿加德的诅咒》的古文献讲述了一位国王的故事，他被认为是纳拉姆辛，他因为神化自己和拆毁尼普的伊利尔神庙激怒了众神。

不管是否存在神明的报复，阿卡德帝国在纳拉姆辛死后仅仅64年就轰然倒塌了。古铁人越来越频繁地袭击着他儿子沙尔·卡利·沙利统治的苏美尔。这个游牧民族生活在扎格罗斯山区，他们对阿卡德人实施"打了就跑"的游击政策，这证明了他们的坚定决心。面对古铁人这种没有城邦基地、无法落入阿卡德军队之手的新型敌人，阿卡德的经济被慢慢削弱。因为需要支撑针对古铁人的军事行动，帝国持续不断地征收高额税赋，其他地区开始叛乱。

到沙尔·卡利·沙利死时，阿卡德帝国的领土已经缩减到了首都附近的一个角落，三年的无政府状态使皇位空缺。杜杜赢得了内战，他的儿子舒·图鲁继承了皇位。然而，两位国王都未能扭转阿卡德帝国的颓势，最终败给古铁人。

对这个曾经伟大的帝国突然崩溃的一种解释是，它过于依赖个人领导。萨尔贡和纳拉姆辛也许有能力占领并统治广阔的领土，但其他在位的国王却没有这样的能力。然而，一些科学家提出了另一种解释——阿卡德帝国的最后几年，国家正好由于降雨量减少而长期处于干旱状态。

考古证据表明，苏美尔的几座城市在阿卡德王朝晚期被遗弃。对叙利亚泰勒·雷兰遗址的挖掘表明，巨大的城墙和寺庙是在繁

△ 伊拉克国家博物馆中这个真人大小的青铜头像被认为是萨尔贡或纳拉姆辛的头像

荣时期建造的，但不久之后，这座拥有 2.8 万人的城市中所有人类活动的痕迹都消失了。土壤样本表明，细沙覆盖地面，且没有蚯蚓在肥沃土壤中活动的痕迹，这表明在此区域的人类活动并不频繁。与此同时，附近的泰勒·布拉克的城市规模缩小了 75%。

如果类似的故事在美索不达米亚上演，阿卡德帝国的经济将一落千丈。由于人们不顾一切地离开城市寻找可靠水源，农业产量将大幅下降，贸易也会崩溃。国王将没有能力对一个庞大的帝国进行集中控制，人民对阿卡德的忠诚也会像水分一样迅速蒸发。

无论阿卡德帝国轰然崩塌的原因是什么，它仍然是世界上首个帝国：一个短暂但具有历史意义的里程碑。这使得萨尔贡成了后世杰出皇帝的祖先，包括奥古斯都和成吉思汗——对于一个前皇家酒保来说，这是一项了不起的成就。

▽ 20 世纪 60 年代出土的巴塞特基铜像底部的铭文表明，它曾矗立在纳拉姆辛的宫殿门口

孔雀王朝

在铁器时代印度次大陆被一个强大的王朝统治了136年，王朝的创始人是旃陀罗笈多。孔雀王朝在他的孙子阿育王的统治下达到了顶峰，阿育王在桑吉建造了宏伟的佛寺建筑群（如图所示）。孔雀帝国拥有5000万人口和古代最大的一座佛寺。

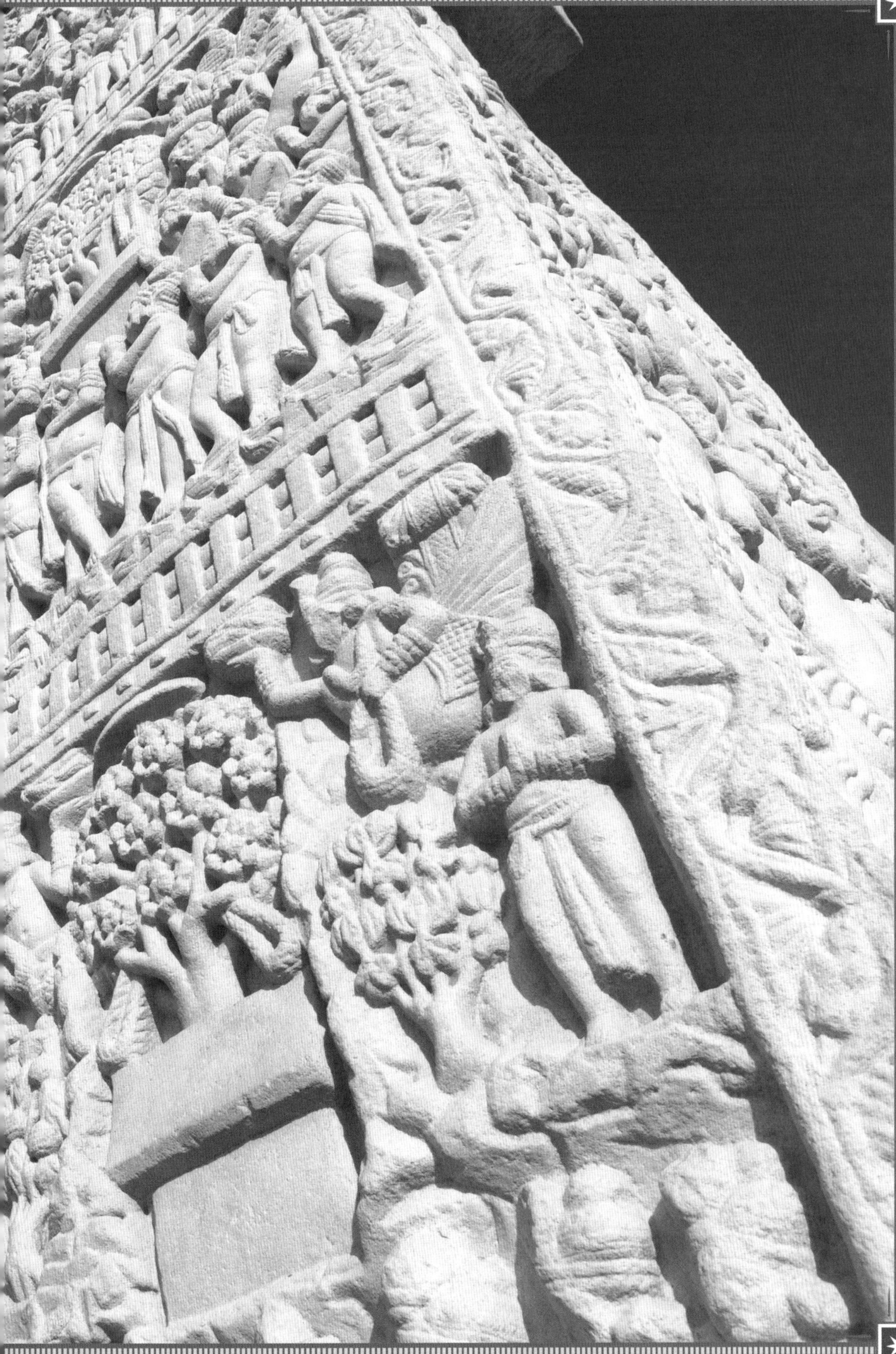

社会

在巴比伦，奴隶和奴隶主之间存在社会分离。被称为阿维鲁的上层阶级是城市的自由公民，而瓦尔都人组成了奴隶阶级，穆什克努人则是由拥有小康生活条件的低等自由人组成的中等群体。奴隶制通常用作一种惩罚手段，这意味着无论公民属于哪个阶级，他们都可以被卖为奴隶来赎罪。

法律

《汉谟拉比法典》以其创造者——巴比伦第一任国王的名字命名，它详细阐述了当时的法律。据《汉谟拉比法典》，偷窃者常常被处以死刑，沦为奴隶也是很常见的刑罚。

政府

当尼布甲尼撒二世作为一个绝对的君主统治国家和首都时，从规划建设项目到发动战争，大多数重大决策都由他定夺，而城市的大部分日常运作都由秘书、长老和省长负责。国王不在的时候，则由地方长官和事实上的市长处理城市和帝国事务。

宗教

人们相信生命和死亡的每个方面都受到超自然生物的保护或对抗。在尼布甲尼撒二世的统治下，数百个宗教圣地被建造起来，奉献给许多美索不达米亚的神和半神。其中的主要人物是马杜克，中央金字神塔（庙宇）就是献给他的。

Asia

亚洲

经济

从苏美尔人的传统中继承下来的灌溉和农业帮助巴比伦的工程师维护水库和运河，这对农作物的生长至关重要。城市经济的核心是农产品，其贸易远达印度。纺织品也是该市的主要出口产品。

军事

巴比伦通过征兵来补充军队，普通公民被征召来充当弓箭手或投石手。尼布甲尼撒二世统率全军，周围是坐着大战车的军官、骑着马的卫兵和其他宫廷成员。

△ 伊师塔之门的废墟，1932 年

教育

虽然大部分人是文盲，但法院和政府的行政部门工作人员都很博学，可以使用古老的楔形文字系统。作为训练的一部分，一名抄写员或秘书会反复抄写巴比伦语和苏美尔语的单词、短语和整篇文章，以学习写作技巧，提高写作能力。

35

古代文明史 ANCIENT CIVILISATIONS

亚洲

巴比伦王国
（公元前597年）
BABYLON 597 BCE

作为美索不达米亚最多产的古代帝国的首都，
这座著名的城市是法律、财富和强权的家园

在古代，巴比伦这个名字是财富和堕落的代名词。在很长一段时间里，巴比伦是美索不达米亚地区最大帝国的中心，也是文明的一颗明珠。据传，尼布甲尼撒二世是古代世界七大奇迹之一空中花园的建筑师，其统治期是巴比伦历史最繁荣的时期。他的军事征服将帝国扩张到埃及，并在公元前597年洗劫了耶路撒冷，摧毁了第一神殿并奴役了那里的大部分人口。

这次军事上的成功使巴比伦人将战利品带回首都，规模宏大的建筑工程使首都繁荣起来。在尼布甲尼撒二世统治期间，他为城市修建了新的城墙、神殿和庙宇，并改进了水渠网络，以提高农田生产力。

这段巴比伦历史上的黄金时期被证明是它的顶峰，因为在接下来的几个世纪里，帝国及其主要城市遭到波斯、希腊和伊斯兰征服者的入侵。如今，在今天的伊拉克，这个昔日辉煌的首都只剩下一片废墟。

Asia 亚洲

亚洲

古中国的秘密
SECRETS FROM ANCIENT CHINA

一个巨大的古墓和一群陶俑保护着秦始皇的遗体。
学者们已经解开了许多谜题，但仍有许多未解之谜

在中国关中平原的中部城市西安附近的田野上，有一座圆锥形的小山。这片田野久旱不雨，树上光秃秃的，草地上也满是灰尘，但依旧存在着一个果园。1974年3月，五个杨家的农民兄弟正在挖一口井。他们在两米深的地方轮流挖土，其他人则用篮子运土。突然，坑里的杨志发喊道："天哪！"

泥土里露出来一个黏土做的脑袋——它有两只眼睛，长长的头发梳成一个发髻，还有一撮胡子。这是不吉利的，因为它在地下，这是埋葬死人的地方。人们把这个头扔到一边，继续挖掘，但一些当地的孩子看到了它并朝它扔石头。与此同时，杨氏兄弟还发现了一些其他东西：砖块、青铜碎片和一些箭头。

一个月后，在当地博物馆工作的24岁的考古学家赵康民听说了这件事。他骑上自行车，来到果园，看到杨家夫妇还在井边忙着。在他们那堆垃圾上还有许多黏土碎片：腿，胳膊，还有两个泥人的头。他把这些新发现带到临潼附近的博物馆。他猜测这些东西很重要，因为他了解这里的历史背景。

两千多年前，这里是秦朝的中心。远处的那座山是一座巨大的四方锥体，是将当时中国各诸侯国统一为一个国家的皇帝的陵墓。有着丰富历史知识的赵康民知道所有关于秦始皇的故事，他的崛起之路是由中国最伟大的历史学家之一司马迁以戏剧性的方式讲述的，司马迁在秦始皇统一中国的一个世纪后才开始记录这段历史。

秦国是战国七雄之一。战国的诸侯国各有自己的军队和制度，而且不同的诸侯国之间时常发生战争。但秦国成了一个军事独裁国家，由统治者完全控制，它也因此成了七国之中最为强大的一个。正如有些记载描述的那样，任何不揭发犯罪的人都会被腰斩。严峻的法律系统发挥了作用。公元前238年，在22岁的新统治者嬴政的统治下，秦国越来越富饶强大。

嬴政热衷于开疆拓土，他认为他可以利用自己强大的、机动性强的军队来实现对其他六国的控制，从而使秦国在群雄割据的时期占据有利地位。为了确保胜利，他以良好的食物供应、严苛的税收政策、大规模的军队和训练有素的士兵为燃料，将自己的国家变成了一台战争机器。

我们没有他从公元前230年开始征服的细节，但在九年时间里，他打败了其他六个诸侯国。公元前221年，他统一中国，中国的英文名字便来源于他的王国。他所统治的不是今天的中国，只是中北部的一部分地区，但从那以后，统一的理念一直是中国历史的核心。

嬴政给自己起了一个很合适的名字：秦始皇，意思是开创历史的皇帝。

现在，他需要将他的胜利与一场政府革命和巨大的建筑工程结合起来，以控制他的人民并将敌人挡在外面。首先，他下令进行一场行政革命，将全国分为三十六郡，每个郡设郡尉、郡守、郡监。创建与以往不同的法律体系，统一货币、度量衡，甚至服装风格都被标准化了。

任何形式的异议都将遭到镇压。根据司马迁的说法，当一些文人批评皇帝破除传统

> 古代中国
> 因是儒学之父
> 孔子的诞生地
> 而闻名

"这些书籍记录了残酷的惩罚，包括车裂"

公元前 250 年的战国

燕国：由于害怕受到秦国的进攻，燕国的继承人太子丹计划刺杀秦始皇。阴谋失败了，却激发了秦始皇的危机感以及他统一六国的野心。公元前 222 年，燕国成为第五个被秦国占领的诸侯国。

赵国：用弓骑兵取代战车，击退了北方游牧民族匈奴。这使得赵国能够抵御秦国一直到公元前 260 年。公元前 222 年，秦国打败并占领了它。

魏国：军事理论家商鞅投奔秦国，并帮助秦国快速发展。公元前 225 年，秦军改道黄河淹没魏国都城大梁后，魏国向秦国投降。

齐国：公元前 284 年战败后，齐国大将田单使用火牛阵，将涂满油脂的牛尾点燃，使牛受惊，践踏敌人，并成功收复了失地。齐国是最后一个向秦国投降的诸侯国，投降的过程是和平的。

韩国：韩国控制了东部通往秦国的要道。它比所有其他诸侯国都要弱小，因此没能扩张。因为它阻碍了秦国进入中原，公元前 230 年成为第一个被秦国占领的诸侯国。

秦国：公元前 230 年—前 221 年，无情的嬴政打败六个对手，成为当时中国的领袖，并自封为秦始皇，是秦的始祖皇帝——第一位皇帝。

楚国：楚国统治着中国富饶的长江流域。公元前 284 年，楚国与其他诸侯一起进攻齐国，公元前 279 年—前 278 年，秦国攻占楚国都城，楚国迅速衰落。这里也是李斯的出生地，他后来成了始皇帝的左丞相。

● 本书插图系原文插附地图

时，宰相李斯就指出，造反的根源在于文人和书籍，以史为鉴者，必处死！皇室档案因此都被毁了。司马迁评论这是一大憾事。这一事件被称为"焚书"事件，人们普遍认为这是事实。据称在另一事件中，超过 460 名儒生被活埋。但事实上，身处下一个朝代的司马迁写作时可能会倾向于前世王朝，因此史学家们对史料中提及的"焚书"和"坑儒"仍抱有怀疑态度。总之，流传下来的秦书不计其数。这些书籍记录了残酷的惩罚，包括车裂和活烹，但是没有儒生被处死的记录。看来皇帝的新法律体系实际上阻止了严重的权力滥用。

和平带来了一个惊人的结果：皇帝的庞大军队——来自 7 个诸侯国的数百万士兵——不再被需要了。但帝王必须将他们妥善安置，否则就会有叛乱的危险。因此，士兵们开始从事巨大的工程：7000 多千米的平整砖路、6 座皇家宫殿、军事基

古代文明史　　　　　　　　　　　　　　　　　　　　　ANCIENT CIVILISATIONS

▽ 迄今发现的每个兵马俑都有其独特之处

△ 许多损坏的兵马俑已经被小心翼翼地拼凑起来

▽ 兵马俑设计细节之精湛令人震惊

最伟大的成就

统一

秦始皇建立了中国历史上第一个中央集权的封建国家。自此以后，还有很多人将分裂的中国统一。毛泽东带领中国人民于1949年在战争和革命的废墟上成立了新中国。此前，中国经历了许多分裂时期，也曾改变国家形态。今天的中国是秦始皇时代的3至4倍大，但在2000年的时间里，中国人始终将秦始皇视为江山一统这一终极理想的象征。

统一度量衡，统一货币

秦朝是通过一系列措施统一起来的，统一后的国家使用统一的制度也在情理之中。黑色是旗帜和制服的颜色。所有地区都废弃了自己的货币，转而使用中间有一个方孔的圆形铜币。车轮只有一个轨距，所以它们都能够在相同的车辙上行驶。度量衡也统一起来。法律和秩序是残酷的，却是平等的。

书同文

中国的文字已有5000年的历史，但每个世纪都在变化，每个诸侯国都有自己的变体。在秦始皇的统治下，所有地区的不同字体都被单一的"小篆"所取代。

车同轨

便捷的交通对信使、军队和皇室随从来说至关重要，所以皇帝让他的劳工修筑道路——总计约7000千米。全国270座宫殿都被连接在一起。在某种程度上，这样做是为了确保安全。皇帝在它们之间秘密穿梭，谁透露他在哪里，他就处决谁。其中一条公路向北延伸700千米，穿过鄂尔多斯半沙漠地区，这样军队和工人就可以尽快到达边境和长城。

古长城

古长城与1500年后存留的长城大有不同。当时的古长城有很多城墙。统一后，秦朝只有一个敌人：北方草原上的游牧民族。他们是骁勇善战的弓箭手，经常南下劫掠。秦始皇调动庞大的劳动力将赵国和燕国北部边境的许多小城墙连接起来，形成了横跨中国北部2500千米的单一屏障。

古代文明史　　　　　　　　　　　　　　　　　　　　　ANCIENT CIVILISATIONS

彩绘战俑

今天的兵马俑是土色的，游客们购买的复制品也是如此。这看起来似乎很"真实"，但实际上并非如此。它们最初被绘上了鲜艳的颜色，但现在彩色已剥落。在始皇帝时代，富人喜欢彩色，因为它们造价昂贵，是奢侈的象征。残留下来的颜料斑点揭示了这些雕像本来的模样，有粉红色（代表脸部）、红色、绿色、棕色和紫色——尤其是所谓的"中国紫"，由钡、铜、石英和铅的复杂混合物制成。

地以及最著名的长城。

秦始皇最宏伟的工程之一就是他的陵墓，建在古都西安附近的骊山脚下。据记载，有70万人建造这座陵墓。他们花了一年时间挖坑，为陵墓打地基。后来，在他死后，陵墓被今天仍然存在的小山所覆盖——约50米高，每边长约400米；如同大金字塔的大小，虽然它是用土而不是石头建造的。

这一切是为了什么？是为了永远活在死后的世界里。皇帝，就像当时社会中的其他人一样，相信人死后可以在另一个世界继续生活。他认为死后的世界是现实世界的映射，而逝者需要坟墓里熟悉的东西来重新开启死后的生活。有钱有势的人需要大坟墓，里面装满了"陪葬品"，其中包括战车、武器、动物和仆人，这些陪葬品曾经都是曾经真实存在的，在他们主人死后被埋葬、杀死；还有模型，因为当时的人们

> 1912年，孙中山在辛亥革命后推翻清政府，封建王朝终于结束

44

武器

这些兵马俑手持数以千计由青铜和木头制成的真武器。剑（已经发现 17 柄）是高级军官使用的，而专职士兵使用弓和弩，普通士兵则手持戟和矛。

相信栩栩如生的形象可以通过某种法术在精神世界里被变成"真实的"。一切都是为了重现皇帝在人间的生活——政府、宴会、娱乐、狩猎、战斗。

这座陵墓是皇家专用的。司马迁说，它如同一个缩小的帝国模型，用流动的水银标出了河流，天花板描绘了夜空，所有的一切都由弩保卫，随时准备向入侵者开战。

真相只有陵墓被开启时才会知晓——如果有可能的话。

但皇帝也需要一支军队，所以他要求这支军队是独一无二的。他让成百上千的工匠用黏土制作了成千上万个真人大小的战士，

> "皇帝，就像当时社会中的其他人一样，相信人死后会在另一个世界继续生活"

古代文明史　　　　　　　　　　　　　　　　　　　　　　　ANCIENT CIVILISATIONS

他们被涂上鲜艳的颜色，手持真正的青铜武器（这就是他们必须是真人大小的原因）。

秦始皇死于公元前 210 年，享年 50 岁，死因不详。然而，为了埋葬他，成千上万的工人加急完成了这座坟墓和它周围的许多偏远的坟墓。兵马俑被安置在墓室东边 1.5 千米处的三个坑里。他们装备精良，装备有长矛、剑和十字弓，在地砖上排成一列，就像在阅兵场上一样，是一支随时准备帮助他们的帝王击退任何想要夺取他帝国的地下军团。坑洞深 9 米，以木梁为顶，木梁的厚度是现在常见的电线杆直径的两倍，每根木梁重 500 千克，总共超过 6000 根。横梁上覆盖着席子，工人们在席子上堆了 3 米厚的土。

然后这一切没有任何记录。司马迁没有提到他们。一两代人之后，他们被遗忘了，关于他们的记忆随着秦朝被摧毁后的混乱和内战被抹去了。

所以 1974 年，兵马俑的发现惊艳了世人。当考古学家们开始工作时，还有另一件事十分棘手：没有一个士兵是完好无损的。一切都破碎凌乱。今天的展览是艰苦修复的结果。到目前为止，工作人员已经修复了 1000 个兵马俑，尽管它们所有的鲜艳色彩都消失在曾掩埋它们的泥土中。其余的仍埋在地下，等待科技足够发达时，它们就可以得到更妥善的发掘和保管。没有人知道到底有多少兵马俑：7000 到 8000 个是有可能的。马俑估计的数量为 670 个左右。但这对一支军队来说是不够的。皇帝真正的军队有几万人，也许还有更多的俑像有待发现。毕竟，这些年来已经有了许多其他发现，包括马的骨骼、官员的坟墓、其他类型的兵马俑雕像、青铜鸟，以及两辆惊人的半尺寸的战车，包括马和车夫。

但最受关注的是这支地下军队，他们中的一部分现在已经由破碎的泥土碎片恢复成了完整的雕像。主坑中没有一个兵马俑是完整的，所有的雕像都破碎了——但如何破碎的呢？我们唯一可以确定的是，火是罪魁祸首，因为他们上面的土地被烤成了坚硬的固体。

独特的设计

在七八千个被埋葬和破碎的兵马俑中，大约有 1000 个修复如初，而且每一个都各具特色。它们不是肖像，而是理想模型——英俊、健美、安静。艺术家们只是改变了细节，比如眉毛、胡子和鬓角。

46

长生不老药

当时有些人说，人的身体可以因死亡而变得不朽，从而成仙，永生不死。几个世纪以来，道家一直在尝试食用混合了金、汞、砷和铅的长生不老药，但结果往往是致命的。

秦始皇对长生不老药的存在深信不疑，并对一个叫徐福的方士委以重任。徐福跟秦始皇说，在东海岸的海岛上可以找到长生不老药。他答应秦始皇为其寻找长生不老药，实际上却什么也没做。公元前210年，秦始皇到东方巡游时找到了徐福并对他进行质问。徐福说，一条大鱼阻挡了他出海的线路。秦始皇被追求长生的偏执搞得精神错乱，相信了他的话，于是向海里射箭，要杀死这个根本不存在的怪物。不久，秦始皇就去世了。

但这场火是怎么引起的，又怎么能把每一个兵马俑都烧毁呢？

要回答这个问题，我们必须细致分析。公元前210年秦始皇死后，起义军起兵反抗秦朝，开启了长达八年的内乱。汉朝于公元前202年取代秦朝。在兵马俑博物馆向游客展示的一部影片中，起义军士兵强行闯入，点燃了这个地方。但奇怪的是，这座陵墓并没有门，也没有发现大规模闯入的证据。没有证据表明屋顶被挖开，所以理论上没有氧气能够助燃。这就产生了一个谜团：火点燃了，却没有办法让它继续燃烧。

这种情况可能会发生：当帝国瓦解时，一支叛军逼近陵墓，却没有军队来阻止他们。历史学家班固在200年后的一篇文章中写道，秦朝将领建议：赦免骊山的劳工，给他们武器。这样做，能暂时阻止起义军，但同时也停止了秦始皇陵的建设。

这就解释了为什么有三个坑装满了兵俑，但第四个坑是完全空的，等待着更多兵马俑被运送过来，而这些雕像从未被送达。在临潼，起义军从匆忙招募的劳工中得知了兵马俑的存在。因此，在公元前206年早期，秦宫大火之后，起义军来到秦始皇墓地，渴望得到更多的战利品。这座巨大的陵墓本身就是一个艰巨的挑战。但他们知道里面埋有军队，也知道里面有真正的武器。

他们没有时间去挖土和横梁，最好的办

△ 许多兵马俑也是为皇帝的陵墓而制作的　　　　　　　△ 兵马俑的修复工作目前正在进行中

法是直接垂直向下挖。证据就是，2号坑有一个像小竖井一样的洞绕过顶板进入坑内。它有一米左右宽，足够一次进入一个人，然后把武器拿到地面上。

想象一下，第一个起义军士兵冲进来，什么也没看到，于是呼喊着要一支燃烧的火把。闪烁的灯光映照出前线的泥人士兵，他们原本身上画着彩绘的服饰，拥有粉红的脸和鲜艳的外套。在洞穴般的走廊里，士兵们在黑暗中列阵，最重要的是，它们全副武装。对于战士来说，这是一座宝库。

其他人则从洞里滑下去，拿着更多的火把。入侵者开始迂回前进，抢夺武器，把它们扔回甬道。"没有证据表明这是一场有组织的破坏，"著名考古学家袁仲一说，"我们发现了兵马俑碎片，它们似乎是以之字形倒下的，这表明它们是在人们强行通过时被推倒的。"

然后，在一片混乱中，有什么事情打断了入侵者：火烧起来了。可能是因为木梁或木马车旁燃烧的火炬。对于接下来发生的事情，我们必须依赖现代防火工程师运用专业知识来解答，比如美国内政部土地管理局（位于新墨西哥州阿尔伯克基）的考古学家乔·拉利。在他制作的电脑化场景中，没有设置让烟雾散开的出口。大约四分钟后，甬道里就充满了浓烟，迫使窃贼爬向出口，更多的战士和马匹被掀翻。

> 秦始皇之后，汉朝兴起，统治时间为公元前202年—公元220年

他们只有宝贵的几分钟时间逃生，而逃生通道每次只能容下一个人进出。他们都成功逃脱了，因为没有发现烧焦的骸骨和摔得粉碎的士兵。

这场火灾有点奇怪。它需要威力强劲的可燃物，也需要氧气来维持。从小入口进来的空气根本不够，所以火焰熄灭了。

但我们知道是火灾摧毁了兵马俑坑。如何摧毁的呢？这是一种特殊的火灾，就像那些沿着地下煤层蔓延的火一样。地下煤层火灾是由丛林火灾或闪电引起的，世界上发生着成千上万的煤层火灾，它们燃烧得非常缓慢，会持续很长时间。在宾夕法尼亚州的森特罗利亚市，就有一起已经闷烧了半个世纪，而且可能还会持续250年左右的煤层火灾。

想象一下这个场景：在主坑里，火焰熄灭，坑底又重新落入黑暗，烟沿着走廊飘来飘去。但大火在坑道顶部找到了归宿，在那里，土壤把它盖住。少量氧气渗入，刚好够让坑道顶部的火闷燃。慢慢地，火侵蚀着房梁。在某个时刻，烧焦的木头掉了下来，砸到一两个兵马俑。接下来掉落的是一部分上方的土壤。

就这样，多年来，战士、战车、弩手被倒下的横梁压垮，地面一点一点下沉，又被泥土填满，看不出下面有任何东西的痕迹，直到杨家五兄弟挖井时发现端倪。

然后，在一片混乱中，有什么事情打断了入侵者：火烧起来了

古代文明史　　　　　　　　　　　　　　　　　　　　　　　ANCIENT CIVILISATIONS

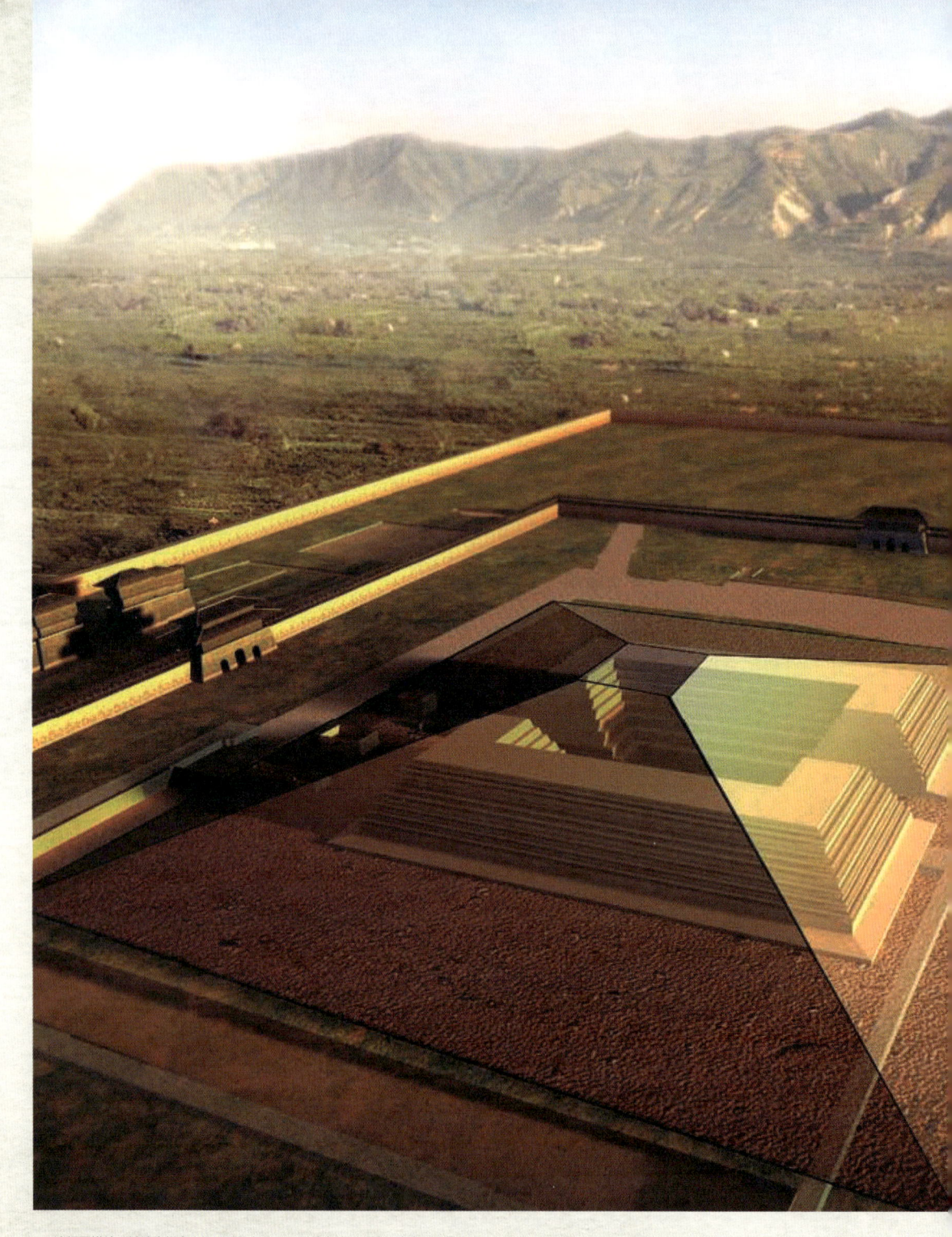

△　这幅图描绘了被认为埋在土堆下面的东西——图片中的透明锥体代表了土堆的上方

兵马俑

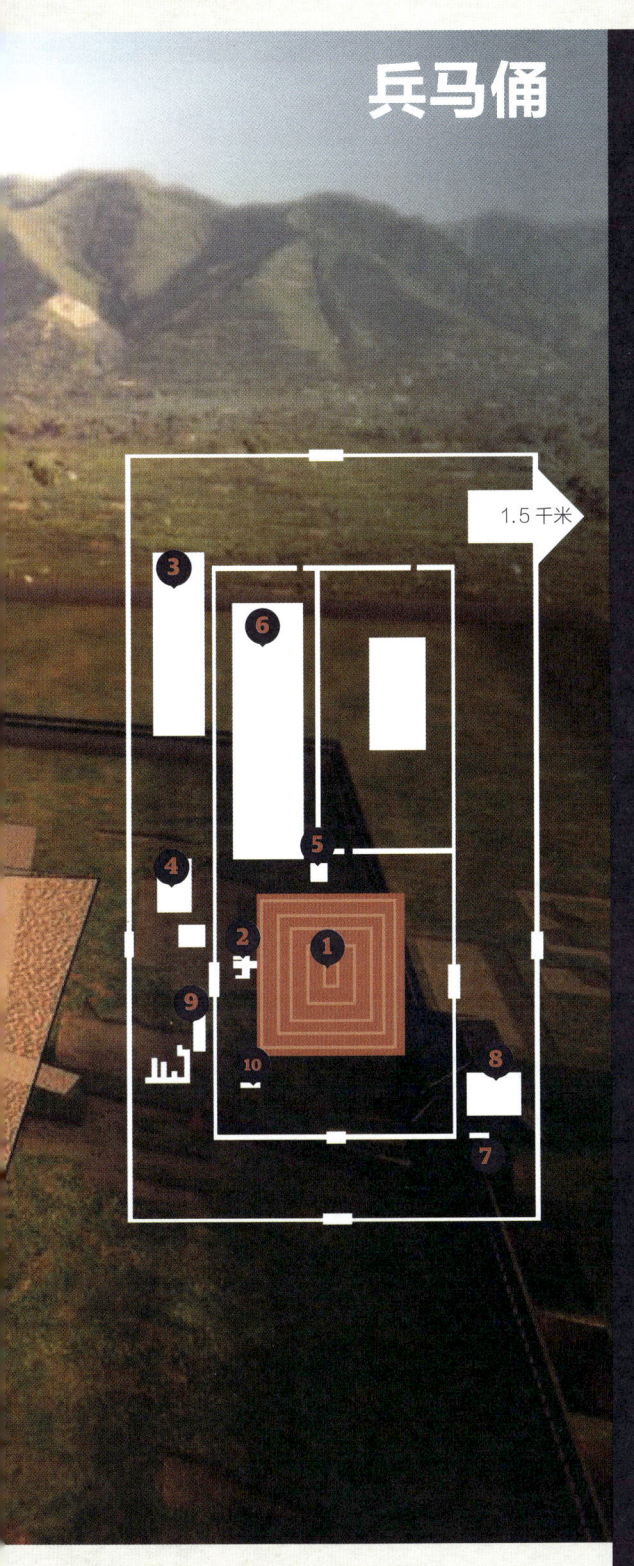

1. 陵墓
这座古墓高 50～75 米。探测结果表明，在它下面是一个阶梯状的半锥形，宽 150 米，有两个入口。里面摆放的可能是皇帝的棺椁。

2. 青铜战车坑
1980 年发现了两辆等比缩小一半的战车。一辆（所谓的立车）是敞篷的，另一辆（"安车"）是封闭的，供皇帝使用。两辆均被压碎，但现在已经恢复如初。

3. 园寺吏舍遗址
主管陵园各类事务官员的寺舍。

4. 食官遗址
为祭祀皇帝设置的。

5. 寝殿
供应膳食的机构寝殿便殿。

6. 便殿遗址
供祭祀的便殿。

7. 百戏俑陪葬坑
坑中有 20 多件陶俑，身着短裙，有的可能是杂耍演员，有一个身材魁梧的可能是摔跤手。

8. 石甲胄陪葬坑
于1998年被发现，里面约有120副破碎的石灰岩盔甲。重而易碎的石灰岩造不出真正的盔甲，可能是一种抵御侵入者的象征。

9. 珍禽异兽坑
每个坑里都有鸟兽的骨架，可能是复现了皇帝狩猎场所或皇家动物园。

10. 文官俑陪葬坑
于 2000 年被发现，里面有 20 具马骨和 12 具陶俑。长袖官服和书写用具表明这些陶俑是文官。

1.5 千米

亚洲

古匈奴的兴亡
THE RISE AND FALL OF THE XIONGNU

当游牧民族联合起来的时候，
他们证明了数量上的优势可以为一个真正的统治帝国铺平道路

一群游牧部落游荡在现今的蒙古国、西伯利亚南部、中亚与中国北部地区组成的草原上，他们大部分时间都在寻找水和牧场。他们从一个地方迁徙到另一个地方，在途中放牧马、牛和羊并学习打猎及骑术，同时生产日常必需品。

更重要的是，他们也证明了自己是相当勇猛的战士，匈奴人年幼时就拥有一种强大威猛的弓箭天赋，同时，他们也非常擅长近距离使用长矛和剑。这使他们在与中国中原王朝北部边境各小国的战争中处于有利地位，因为他们总是在突然袭击中寻找谷物、金属和丝绸。到了公元前3世纪，这些分散的部落开始形成一个占统治地位的部落联盟。

这一举动始于公元前209年，冒顿——头曼单于的儿子，慢慢统一各个部落。在这过程中，他表现出了非同常人的决心，这不仅仅是因为头曼之前试图忽视他作为继承人的地位，并将他作为人质送到了邻近一个叫月氏的部落。

他们以为头曼的战士会攻击月氏，希望劫掠冒顿的人会因此报复并屠杀他。相反，冒顿偷了一匹马逃跑，这促使头曼任命他为万骑长来奖励他的勇敢。

事实证明，这对头曼来说是一个糟糕的决策。冒顿的战士们变得非常忠诚，因此冒顿命令战士们射杀他心爱的马匹、处决他心爱的妻子并且攻击他的父亲。那些后来不支持他的人也被杀了，当公元前215年秦朝打算把匈奴从他们在黄河上的牧场中驱逐出去时，联盟变得越来越强大。一个帝国正在形成。

冒顿为匈奴人带来秩序，但它仍然是一个奇特而又令人十分钦佩的古代文明。在这个文明中，妇女不仅被当作男人对待，而且

> 游牧民族匈奴在中亚的大部分地区统治了500多年

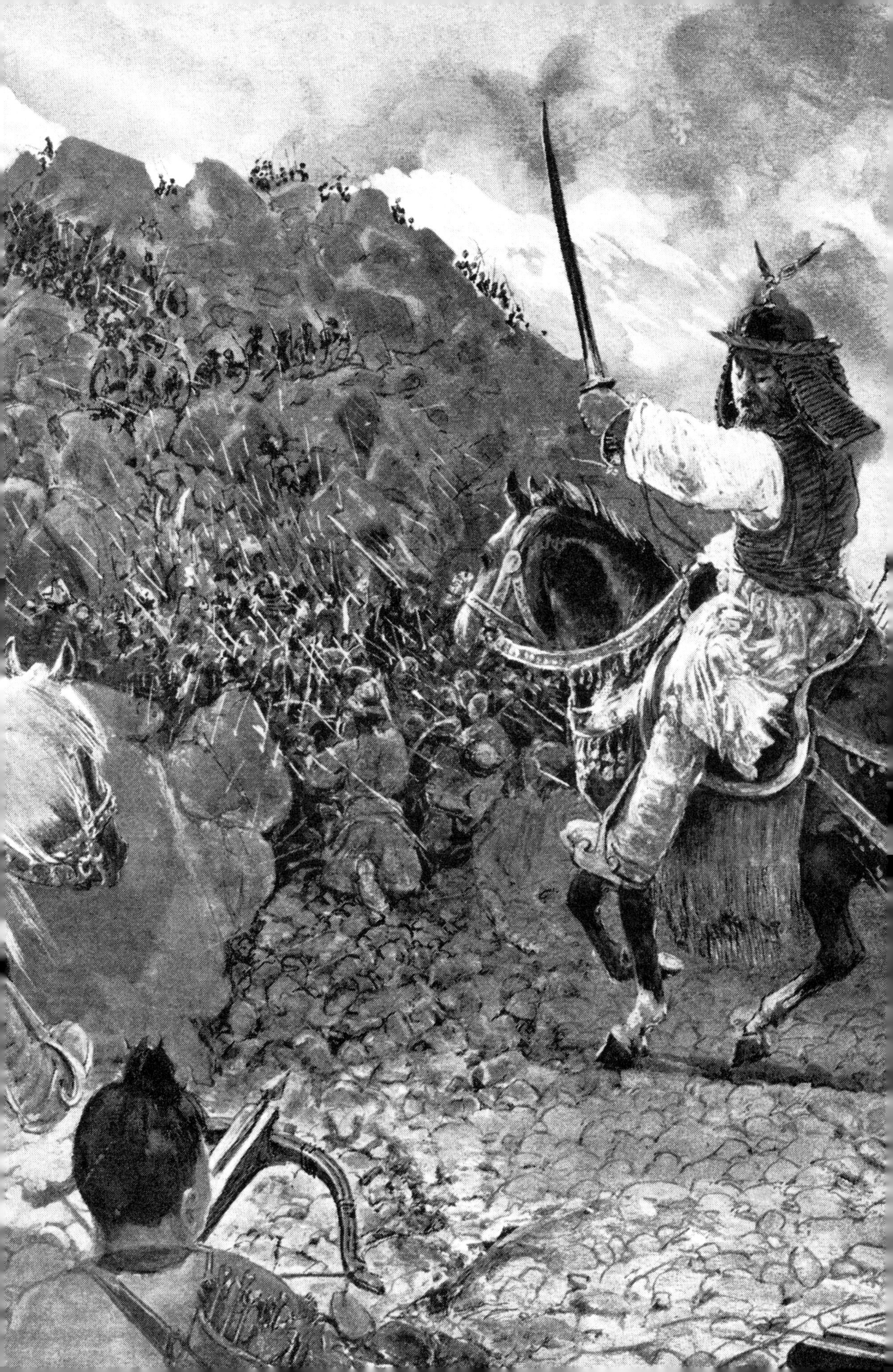

古代文明史　　　　　　　　　　　　　　　　　　　　　　　　ANCIENT CIVILISATIONS

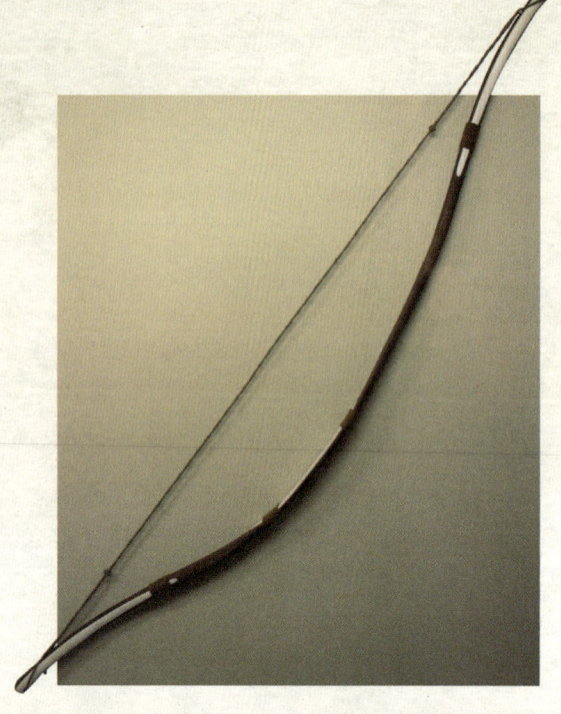

△ 匈奴有数千名熟练的战士，他们擅长骑马和使用弓箭

像战士一样和他们并肩作战。匈奴人拥有举足轻重的地位，考虑到他们给其他政权带来的威胁，这是完全可以理解的。他们可以集结30万骑兵，这对收复失地至关重要。

匈奴人也变成了有组织、等级分明的民族。冒顿设计了三个阶级，将游牧民族的最高统治者（或称单于）置于权力顶点，下置左右贤王等二十四长。有趣的是，单于的生活没有充斥过多的盛大仪式，他们的角色主要是在部落间收集和分配战利品。更重要的是，据大约100年后出生的中国汉朝早期历史学家

◁ 我们对匈奴人的大部分了解来自中国历史学家司马迁

司马迁说，年龄在文明的结构中起着很大的作用，而经验并不重要。

他说，年轻人吃的是最丰盛、最美味的食物，他们因体力和青春享受盛宴款待，而老年人只能吃剩下的食物，因为年老和虚弱的人体力不行。司马迁还说过，每个人都吃家畜的肉，穿毛毡、皮披风和皮衣，但由于土地贫瘠，他们不能从事农业，所以会寻找能给他们提供谷物、水果和动物饲料的部落。

在大多数时间里，匈奴人是和平的，或者，至少他们会在最符合他们需要的时候寻求和平。当然，冒顿初期的统治一直持续到公元前174年，他多次击败月氏，吸收内蒙古北部部落，占领的土地从贝加尔湖向北延伸，一直到鄂尔多斯高原东部和南部。

在这段时期内匈奴人继续以放牧为生，尽管他们也种植谷子、大麦和小麦，因为他们获得了更多的耕地并开始定居。

他们也是熟练的工匠，能够冶炼铁和铜合金，制作陶瓷、珠宝、工具和家用器具。不用说，他们也手工制造了自己的武器。他们使用这些武器的时候十分勇猛，汉匈最终

当匈奴被打败后，他们被另一个游牧部落联盟鲜卑所取代

达成协议，汉安抚他们，其中一条便是匈奴每年接收汉朝的丝绸、谷物和葡萄酒并不再威胁他们。（第一个汉朝皇帝汉高祖在公元前 201 年被匈奴围困，用提供贿赂的方式换取了自由。）

但这种"绥靖政策"并不总是受到欢迎。汉朝官员贾谊表示，帝国屈服于这些要求是错误的，他声称，"匈奴侵甚侮甚，遇天子至不敬也……"（出自《新书·卷四·势卑》）。似乎是为了强调与大汉相比匈奴人口稀少，他说："匈奴控弦大率六万骑……即户口三十万耳，未及汉千石大县也。"（出自《新书·卷四·匈奴》）。据说，双方的人口对比大约在 6000 万到 150 万，但"绥靖政策"仍在继续。

事实上，公元前 192 年，当冒顿向汉高祖刘邦的遗孀吕皇后求婚时，他以近乎滑

△ 东汉时匈奴首领的一枚铜印，阴刻篆文写着："汉匈奴归义亲汉长"八字

稽的口吻写道："孤偾之君，生于沮泽之中，长于平野牛马之域，数至边境……"（出自《汉书·匈奴传上》），受到冒犯的吕后不可能顺从本心立即采取行动消灭匈奴，因为

匈奴女战士

近期在可追溯到公元前 1 世纪的遗骸上发现了古代珠宝

匈奴人的生活得益于汉朝的补贴，这些补贴至少包括每年缴纳的丝绸、葡萄酒、谷物和其他食品。他们似乎在死后也享受这样的战利品，因为许多坟墓不仅发现了动物祭祀的证据，还发现了陶器和青铜、铁、金、石头、骨制品，以及一些非常引人注目的珠宝。

2017 年，人们在西伯利亚发现了死亡约 2200 年的匈奴女战士的骨骸。她们戴着腰带下葬，腰带都是煤精做的，上面镶嵌着半宝石的翡翠、珊瑚、绿松石和玛瑙。有一些青铜制品用来佩戴在肩膀上，还有一些雕刻作品描绘了马——马是一种象征性的动物。被箭刺穿的山羊形象也出现了。

俄罗斯圣彼得堡物质文化史研究所的科考队队长玛丽娜·基卢诺夫斯卡娅博士说，女性腰带也是用青铜制成的，上面有公牛、骆驼、马和蛇的形象。她说，这些装饰品应该在特殊场合穿着，比如婚礼以及这个墓主人的葬礼上。

△ 为了保护秦朝免受北方匈奴人的侵略，始皇帝修筑新的城墙，后来逐渐扩展成今天我们看到的中国长城

冒顿的军队太强大了。因此，她找借口拒婚，称自己"年老色衰"，说自己"发齿堕落"，不能侍奉单于。然而，汉族公主嫁给了匈奴首领。但那时，男人有不止一个妻子是很平常的事。值得注意的是，冒顿杀死了他最喜欢的妻子，这也表明他还有其他妻子。

的确，祭祀和仪式对匈奴人来说很重要。在一些特殊的仪式上，人们会喝祭品白马的血，因为这些动物被视为战争、物资运输和生活的象征，受到高度崇拜。匈奴人还崇拜太阳和月亮，同时崇拜天地和他们的祖先。这些活动并不罕见，汉人也会这样做。从这个意义上说，他们遵循的是中亚宗教腾格里教，在这个宗教中，苍天、大地、自然的灵魂和祖先都为人类提供保护。即便如此，尽管在文化和观点上有一些重叠和分歧，汉朝最终还是与匈奴人共处了250年。

在那个时期，由于匈奴人的野蛮活动，汉人开始建造城墙（公元前3世纪，中国的第一个皇帝秦始皇将小城墙连接起来，以使他的帝国与北方民族对抗，后来小城墙又扩展成为长城）。对于一个从未在城墙上生活过的民族来说，他们可能对这样的屏障感到新奇（我们不能确定，因为匈奴一方没有文字记录），但它主要显示了双方是如何艰难相处的。

在丝绸之路贸易路线的开拓期间，匈奴人给汉朝人的生活制造了困难，公元前133年—公元89年的汉匈战争是血腥的，这似乎佐证了双方相处之难。更重要的是，公元前206年—公元220年统治中国的汉朝成功占领了东部的土地，并在公元前104年占领北部的大片土地，导致匈奴人员和牲畜的损失，扭转了权力的平衡。

公元44年—46年，饥荒、瘟疫和起义对匈奴的统治产生了重大影响。最终，匈奴分裂为北部和南部，部落联盟开始听从汉朝的指挥。从那时起，匈奴的权力真正开始衰落了。公元155年，鲜卑人大破北匈奴，南匈奴，降汉并向汉朝朝贡。然而不可否认，匈奴作为一个曾经伟大的部落帝国，在历史上留下了自己的印记。

▽ 这尊雕像展示了西汉的强大力量

古代文明史   ANCIENT CIVILISATIONS

亚洲

朝鲜三国时代
THE THREE KINGDOMS OF KOREA

随着中国分裂成一系列小国，
三个王国在朝鲜半岛崛起，准备挣脱枷锁，为自己夺取权力

公元前108年，中国汉朝攻占了位于朝鲜半岛北部的第一个朝鲜王国——卫满（卫氏）朝鲜，后设立四郡。当地强烈的抵抗很快迫使汉朝从四个郡中的三个撤退。第四个郡位于遥远的西北，是一个强大的前哨，促进了中国文化在朝鲜半岛的传播。公元313年，它被一个名为高句丽的民族占领，高句丽是在古朝鲜留下的真空期中蓬勃发展的三个朝鲜政权之一，其余两个分别是位于西南部的百济和东南部的新罗。在接下来的几个世纪里，这三个国家战争不断，直到其中一个登上至高无上的地位。

据历史记载，高句丽是在公元前37年由扶余人的一位诸侯建立的。高句丽族聚集了中国东北南部鸭绿江中游的五个部族，迅速发展成为朝鲜半岛上最卓越的文化和政治力量。接着，它又依次征服了身边的邻居；从沃沮人到汉人的玄菟郡，一直向南延伸到半岛中部。与此同时，公元前18年，传说另一个扶余诸侯带领一群定居者来到朝鲜半岛的西南部，建立了百济王朝。该王朝以富饶的汉江为中心，靠近现在的首尔。百济王朝征服并吞并邻国，然后进攻并摧毁了中国带方郡的军事指挥部。

在东边，公元前57年新罗兴起于现代临海的庆尚北道的一个寨城。新罗先是联合来自东南部的12个部族，接着吞并了较弱的邻近部族。当古朝鲜灭亡后，大批难民涌入新罗，带来铁器文化，促进了国家发展。

在这三个国家中，高句丽最为激进。中国隋朝时，高句丽人因与中亚突厥人结盟成

> 朝鲜的各个王国之间一直处于敌对状态，时而结盟，时而破裂

"第一个朝鲜王国灭亡后，
大批难民涌入新罗，
促进了国家的发展"

▷ 与中国三国时期吴国的贸易使百济得以接触到中国的文学、学者、工匠和僧侣，推动了文化的快速发展

古代文明史　　　　　　　　　　　　　　　　　　　　ANCIENT CIVILISATIONS

△ 在朝鲜三国时期，佛教造像工艺迅速达到极高的境界，激发了创作精彩艺术作品的灵感，特别是冥想菩萨形象的造像

了隋朝的眼中钉。隋朝集结30万大军，连续发动战役，但每次都惨败，从而给自己的灭亡埋下了伏笔。

在都城平壤，高句丽王国充当了传播中国文化的媒介，向该地区强大的军事和文化组织学习。为了提升他们的教育和文化机构的水平，372年，高句丽建立了第一间太学。虽然高句丽崇尚萨满教，但当禅师顺道于同年到来时，国王对佛教深受震动，并将其定为国教。通过儒教学院和佛教学院这两种联系紧密的学校，统治者试图在其不断扩张的领土上传播共有的习俗，并统一各方权力来源。十多年后百济人开始接受佛教，而新罗人直到6世纪才开始接受佛教。在各个政权

高句丽陵墓

虽然三国都有奇怪的埋葬方式，但高句丽王室和贵族以最壮观的方式开启了他们的来世之旅

在朝鲜和中国各地发现了大约1万座高句丽陵墓，其中100座脱颖而出。它们装饰着错综复杂的壁画，不仅是现存少数的高句丽有形遗产范例，也是朝鲜三国时代最引人入胜的遗产之一。

大多数高句丽墓室都是用石头建造并上覆泥土，类型从单一墓室到精心设计的多墓室都有，利用先进的工程来支撑沉重的天花板。例如，其中一间有一个入口室、一个有两个厢房的前厅和后面的主室，所有这些都由走廊连接起来——这是一座名副其实的地下宫殿，专为一对死去的夫妇设计。

在这样的坟墓里，墙壁上装饰着精美的壁画，描绘着死者及其亲人们，他们的成就、天性，他们的衣着、食物，他们的激情和命运。这些图画记录了他们生活中的一些瞬间，包括狩猎探险、摔跤比赛、战斗、他们的仆从和家。在主殿内，每面墙都装饰着高句丽四神之一——东方的青龙，西方的白虎，南方的朱雀，北方的玄武。天花板饰有天体图像和自然景象，包括飞鱼、鸟、三足乌、蟾蜍和拟人化的奶牛。

▽ 高句丽陵墓壁画得以让我们一窥其上层贵族的文化、服饰、生活方式和精神

中，佛教都将产生深远的现代化影响，鼓励和促进教育、艺术和文化等的进步。

百济人喜欢与中国吴国进行贸易，特别是索要中国经典著作的复本，同时也开始与他们的盟友大和国（日本）进行文化交流。他们输送了艺术家、音乐家、医生、学者、僧侣、工匠和建筑师，在大陆文化的传播中发挥了至关重要的作用。虽然这条东亚贸易路线将百济变成了一个卓越的朝鲜王国，其触角远及隔中国黄海相望的山东，但事实证明，这个国家的本质——外国统治阶层控制着当地民众——是脆弱的。高句丽人在征服北方游牧部落后，攻击百济人，迫使百济人两次向南迁都，在泗沘，也就是现在的扶余郡登陆，王国开始真正繁荣起来。

新罗的起步比它的邻国慢得多，有时甚至比位于他们和百济之间的伽倻还要弱。然而，他们不急不忙，打造了王国坚实的基础。新罗的核心是和白会议。这是一个由6个部落首领后裔组成的贵族法庭，由一位神圣的领袖领导。和白会议允许新罗把国家问题摆到桌面上进行辩论，并达成所有领导人都同意的妥协——"花郎"教育系统强化了这一进程，它将年轻的贵族培养成未来的领导人和将军。

在随后的两个世纪里，花郎道的精神给新罗人灌输了一种严格的战士准则，即宁可在战斗中牺牲，也不可羞耻地撤退。有一个故事，讲的是一个将军在守城失败之际，孤注一掷地冲向敌人，结果撞在一棵槐树上死去了。

同时，"骨品"制度将统治阶级分为五个阶层，其次是平民。每一个特定的种姓在为国家和社会服务方面都有自己的世袭社会经济作用。这种与生俱来的身份支配着日常生活的方方面面，甚至包括器具的使用。这种阶级固化的社会压制了野心和派系之争，是兼并新酋长的有力工具，同时保持了国家统一。

到了6世纪，新罗人已经开始建造战舰，并因牛犁的发展提高了农业产量。然而，在农民大众中扎根很久的佛教的进一步发展

> 与三个王国同期存在的还有位于半岛南部的伽倻

▽ 佛教的传播过程中出现了大量的伟大作品，比如米勒寺非凡的百济木塔

古代文明史　　　　　　　　　　　　　　　　　　　　ANCIENT CIVILISATIONS

△ 百济人定居在朝鲜半岛肥沃的西南部，他们联合当地政治力量排挤中国人

（传播），预示了一个伟大的改革时代即将来临。因为新罗抛弃了古老的"野蛮"传统，比如将孩子活埋在死去的国王旁边。君主将他的头衔改为汉字"王"，正式将国家命名为新罗，寓意是"新者德业日新，罗者网罗四方"。

他们还开始造纸，并发展了复杂的天文学知识，建造观星台。大约在这个时候，三个王国都采用了中国的冶金和制陶方法。百济生产高质量的钢质武器和工具，采用加热、水淬和先进的风箱系统，以锻造代替铸造。同时，新罗装饰工艺的质量为其赢得了"黄金之国"的美誉。其中一件青铜碗是献给高句丽的君主好太王的，100年后于新罗的一座古墓中被发现，很好地表明了这两个敌对大国之间存在文化和商品的交流。以前粗糙朴素的陶土器皿也逐渐被炻器所取代，采用

◁ 这个镀金青铜香炉是百济工艺的一个典型代表，拥有佛教和道教的多重象征意义

Asia 亚洲

△ 百济是朝鲜三国时代最后一个形成的，也是第一个被消灭的国家

◁ 百济派了许多僧侣到日本，在佛教传播中扮演了重要的角色

古代文明史　　　　　　　　　　　　　　　　　　ANCIENT CIVILISATIONS

抛轮技术和灰蓝颜料上色。

高句丽人喜欢歌舞，百济人喜欢射箭和尺牍。三个王国都通过建造宏伟的建筑和艺术品来赞美他们的新信仰，他们将中国的灵感与本土的风格融合在一起：从高耸的弥勒寺宝塔到冥想菩萨——一座卓越的镀金青铜雕像，几乎有一米高。

虽然新罗以前寻求过高句丽的保护，但当他们的北方领主遭遇继承危机时，他们趁热打铁，宣布独立。532年，他们与百济人联合征服伽倻人，而仅仅20年后，他们与百济人反目，占领位于半岛中心的汉江河谷。被激怒的百济王发起疯狂的进攻，结果却被打败了。随着伽倻的消失，三个王国陷入了一场争夺霸权的战争。

其中，新罗最善于外交，648年他们与唐朝结盟。657年唐朝打败西突厥人后开始支持新罗——同时进攻麻烦不断的高句丽，并在660年帮助击败百济及其同盟国日本。成千上万的百济贵族、僧侣、学者、工匠和难民选择逃往日本，而不是生活在新罗的枷锁之下。8年后，高句丽最终被摧毁。

很明显，唐朝只是利用新罗为自己征服半岛铺平道路，而后两个大国开始互相角力。676年，新罗取得胜利，最终控制了半岛南部2/3的地区。未来三个多世纪，新罗在和平与繁荣中发展壮大，继续采用中国的习俗、法律制度和行政模式——与唐朝的接触、交流对新罗产生了深远影响，但其同时也保留了自己的本土文化。新罗僧侣、学者和商人千里迢迢奔赴中国和印度，在世界上留下了

△ 这对新罗耳环显示了该国高超的工艺水平。

自己的印记，并向世界学习。然而，到了 10 世纪，知识分子开始对骨品制遗留的阶级偏见感到不满。他们与地方权贵联合起来发动叛乱，使国家陷入内战，并再次分裂为三个国家：新罗、后高句丽和后百济。通过巧妙的军事手腕和外交影响力，一位后高句丽大将军脱颖而出，建立了高丽王朝。

▽ 674 年，统一新罗的第一任国王文武王金法敏建造东宫，其中有一处人工池塘

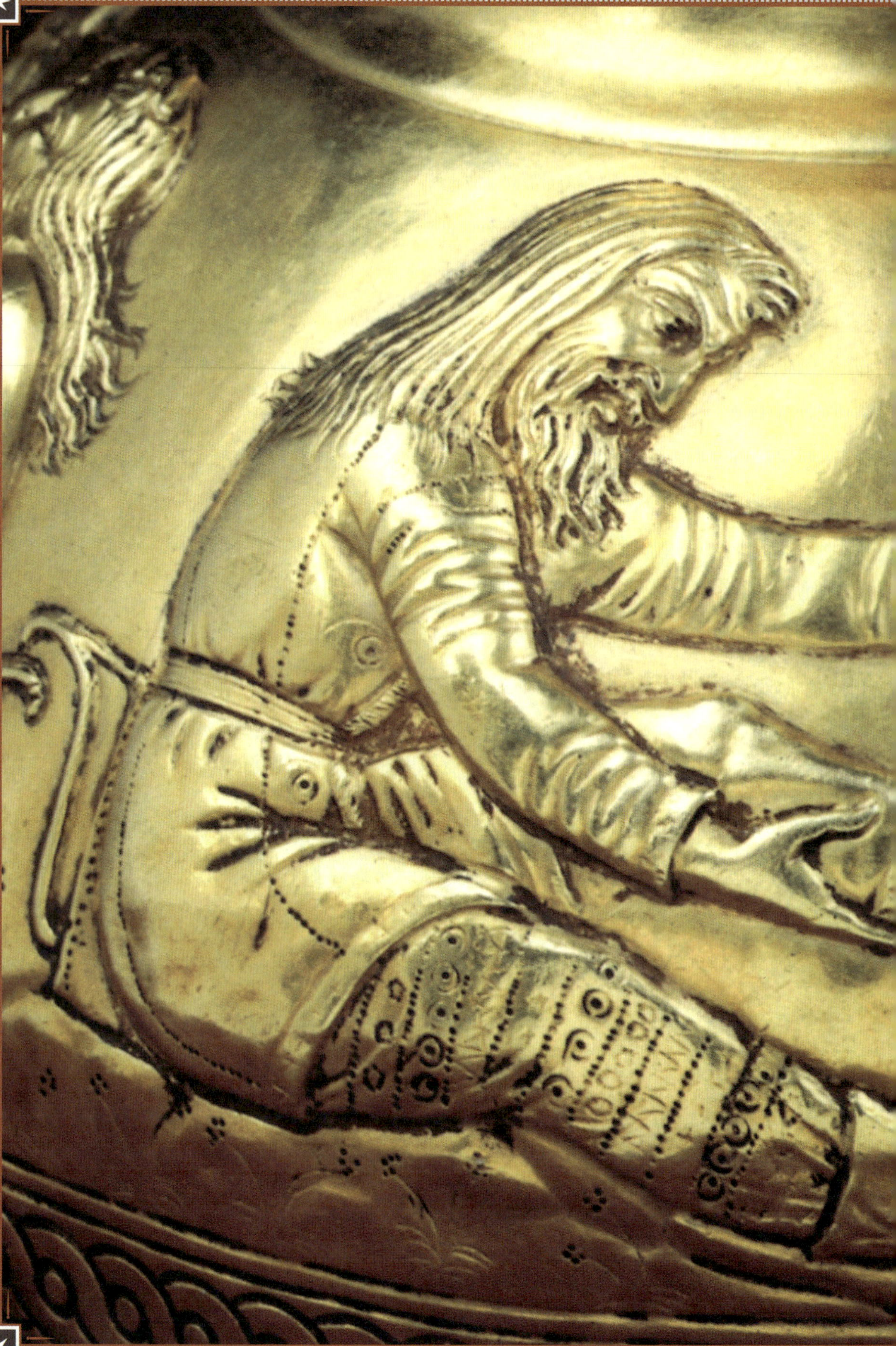

斯基泰人

斯基泰人掌握了骑马战争的艺术，成了第一批来自欧亚大草原的令人敬畏的游牧战士。公元前500年左右，他们的势力达到顶峰，他们的领地沿着丝绸之路从中国延伸到欧洲。斯基泰人的金匠技艺高超，他们制作的珠宝描绘了日常生活细节，如今这些珠宝已成为这个流动文明的主要信息来源，并留下了少量线索可供考古学家发掘。

古代文明史　　　　　　　　　　　　　　　　　　ANCIENT CIVILISATIONS

亚洲

波斯的
黄金时代
THE GOLDEN AGES OF PERSIA

在古代世界，
前伊斯兰时期的波斯是政治中心主义和文化多样性的灯塔

公元前600年的一个晚上，米底国王阿斯提阿格斯做了一个可怕的梦。他梦见他的女儿曼丹尼生下一棵蔓藤，长满了他的房子。它四处蔓延，从邻近的吕底亚，也就是他的王后阿雅尼斯的祖居，到今天伊朗的所有王国。阿斯提阿格斯的预言家告诉他，这是一个预兆，曼丹尼会生下一个孩子取代他的祖父。

阿斯提阿格斯的内心因此矛盾不已。他把曼丹尼嫁给了他的一个封臣冈比西斯，一个名叫安山的埃兰小城邦的统治者。这个小城邦曾经是战略要地，富裕而文化繁荣，是古代帝国的必争之地。但那是很久以前的事了。

不管曼丹尼为这个新兴的君主制国家生了什么样的儿子，这些后来的国王们永远无法挑战强大的阿斯提阿格斯。不过，保证自身安全总比抱憾终生好。他派他的一位将军哈尔帕格斯去安山把他怀孕的女儿带回家。

接下来发生的事情听起来像一个童话，也许确实如此，因为希腊历史学家希罗多德曾讲述过。曼丹尼的儿子出生后，哈尔帕格斯找到一个牧羊人和一个死胎，换下了婴儿，而把尸体交给阿斯提阿格斯。曼丹尼回到安山；牧羊人米特里达特斯抚养了她

> 1979年，
> 波斯古都波斯波利斯
> 被联合国教科文组织
> 列为世界遗产

△ 今天的波斯波利斯已成废墟，但它曾是世界上最伟大帝国之一的首都

的孩子。这个骗局一直按计划进行，直到年轻的居鲁士十几岁时，他天生的国王气质开始显现出来，并引起了阿斯提阿格斯的注意。牧羊人承认了当初所做的一切，男孩被送回家，继承疲惫不堪的祖父的王位，而哈尔帕格斯的儿子则被杀死放在盘子里供阿斯提阿格斯"享用"以示报复。

希罗多德从不让事实妨碍故事的创作，他对历史事件的描述和所有希腊神话的惯例一样，更多的是传说，而不是事实。然而，故事中的人物都是真实的，尤其是居鲁士二世，他更加为后人所熟悉的名字是居鲁士大帝，波斯帝国的创始人。

然而，居鲁士的帝国几乎是偶然建立起来的。他通过与入侵军队作战扩张领土并夺取政权。当居鲁士开始热衷于征服的时候，他已经占领了苏美尔、阿卡德和巴比伦；他横扫小亚细亚，并被宣布为世界四方之王。但是，与其他帝国的缔造者不同的是，居鲁士对他征服了的地区和国家采取包容的政策——各地保留了它们自己的文化和习俗。

居鲁士占领了传说中的古代城市巴比伦，确保这座具有文化多样性的城市中的各民族均享有宗教自由，这意味着流亡在那里的犹太人可以享有信仰自由。

居鲁士羽翼未丰的帝国的特点是包容多样性，这是随后几年中不变的社会特性。帝国各城邦之间交换珠宝、服装，并且在设计风格上相互影响：纺织品和陶器采用了来自遥远地方的新设计形式。帝国崛起的关键在于与其他国家相比独特的结构方式——使和平和利润最大化。每个地区都由一个地方领主统治，这个地方领主把地方管理和帝国政策结合起来。无论属于哪个民族，所有自由公民都被法律认定是平等的。虽然有国教，但地方的信仰、习俗、法律和贸易协定仍然被保留下来。女性在许多行业中工作并担任监督职位，这也被帝国的某些其他地区采用。与此同时，帝国交错的统辖地之间维持着和平，通过收税从事公共工程建设，由居鲁士建立的新首都帕萨加德进行管理。这个庞大的帝国仿佛一个文化大熔炉，不断扩张、管理良好、日渐富有，其鼎盛时期曾宣称统治着全球44%的人口——这是历史上治下人口占世界人口比例最高的帝国。

但这并没有持续很久。当居鲁士的儿子冈比西斯二世统治的时候，他对埃及发动了

△ 古波斯的时装广泛地借鉴了不同帝国的服装风格。富裕阶层喜欢飘逸的长袍，而像士兵这样的活跃人士喜欢实用的裤子

不明智的突袭，国家祭司扶持篡位者上位，声称他是冈比西斯的兄弟。不满的民众并不在乎他们的新国王是琐罗亚斯德教神权政治的傀儡，拥护了他七个月，直到另一个真正的阿契美尼德王族成员登上王位。在大流士大帝的统治下，波斯帝国空前繁荣。居鲁士在哪里打下基础，他就在哪里发展。他开创了行省制，并直接任命总督，在整个帝国推行统一的货币和标准的度量衡，他使阿拉姆语成为官方语言并修建道路。这个一直奉行多元化的帝国现在发现，商品、货币贸易和思想的传播比从前更快、更容易了。他建立了伟大的礼仪首都波斯波利斯，一座有100根柱子和40座尖塔的城市，尽管实际上帝国的真正统治地为古巴比伦、埃克巴塔纳和苏萨等古老而久负盛名的地方首都。但是大流士也做了错误的决定。在公元前490年的马拉松战役和公元前480年的温泉关战役中惨败给希腊后，波斯在新的希腊化世界秩序中落入下风。

在位时间最长的阿契美尼德帝国统治者阿塔薛西斯二世统治45年之后，波斯重新确立霸主地位。阿塔薛西斯复现了业已褪色的帝国早期的建筑辉煌。他主持开启了国家宗教的新纪元。

> 第一个波斯帝国由居鲁士大帝建立，也被称为阿契美尼德帝国

◁ 阿契美尼德时期的波斯以其工匠而闻名，他们制作了这些令人惊叹的黄金酒器，现藏于纽约大都会艺术博物馆

古代文明史　　　　　　　　　　　　　　　　　　　　　　　　　　　　ANCIENT CIVILISATIONS

△ 这幅 15 世纪的历史彩图展示了亚历山大大帝对波斯帝国的征服

　　因其在意在推翻冈比西斯二世的失败政变中扮演的角色而遭受迫害的琐罗亚斯德教徒，现在回到了政治权力的中心，这在很大程度上要归功于一项税收创新——寺庙税，由巴比伦国王的财政部强制按比例征收，所有市民需要将总收入的 10% 交给距离最近的琐罗亚斯德寺庙。在帝国工匠数不胜数——主要是金匠、纺织工、陶工和石匠——的条件下，用丰富的资源打造昂贵的东西确实是有利可图的，但帝国大部分需求甚至还要靠勉强维持生计的农民种植谷物、水果和蔬菜来满足。对于这些农民来说，在进行传统游牧时，他们无法跟上牛、绵羊和山羊的移动速度。公元前 343 年，当阿塔薛西斯三世攻占埃及时，这个古代世界最先进的国家之一拥有的不可估量的宝贵资源、金钱和学识，进一步丰富了波斯包罗万象的大熔炉。

　　但是老敌人希腊人并没有忘记波斯，一旦他们在来自马其顿的亚历山大三世——亚历山大大帝的旗帜下联合起来，就将彻底推翻阿契美尼德帝国。亚历山大曾造访居鲁士大帝的坟墓以表敬慕，当他发现它遭到窃贼洗劫时，心里感到不安。他质疑琐罗亚斯德教的祭司，表面上他认为这是对坟墓的亵渎（居鲁士是他心目中的英雄），但实际上他对这些神职人员对自己新征服之地的政治和社会影响有所顾忌。亚历山大继承了阿契美尼德帝国在行政管理和多元文化主义方面的大部分做法，以此管理自己征服的国家，但他英年早逝，波斯变成了曾经统一的亚历山大帝国之外的另一个残存之国。

　　在民族和文化上希腊化的塞琉西帝国的

统治下，直到公元前 247 年波斯人夺回控制权之前，阿契美尼德帝国都只是马其顿希腊人的一小块被遗弃的土地。新崛起的帕提亚帝国维持了大约 50 年的希腊化统治，却在一场席卷领土的民众运动下瓦解：波斯复兴。当帕提亚王朝神秘衰落，被萨珊帝国取代时，希腊文化的许多方面已经被其波斯祖先所取代。阿契美尼德帝国信奉多样性，萨珊人信奉基本教义。琐罗亚斯德教再次崛起。

这在一定程度上是对附近罗马领土基督教化的反应，这一政治决定与多元文化的波斯公民闭门信奉的信仰几乎没有什么关系。世俗的波斯仍然对各种宗教保持宽容，特别是犹太教，但在新国家支持的琐罗亚斯德教的法典结构下，异端、叛教者和基督教徒都会受到严厉惩罚。事实上，琐罗亚斯德教的

▽ 居鲁士大帝的陵墓。亚历山大大帝征服波斯时曾来到这里向阿契美尼德帝国的创始人表达了敬意

古代文明史　　　　　　　　　　　　　　　　　　　　　　ANCIENT CIVILISATIONS

△ 在这幅由让·查尔斯·尼凯斯·佩林创作的 18 世纪画作中，阿斯提阿格斯命令他的将军哈帕格斯杀死年轻的居鲁士

祭司们担心的是错误的信仰：7 世纪初，他们对帝国的神权统治最终被穆斯林推翻。伊斯兰教是骚扰萨珊边界的阿拉伯士兵所信仰的新宗教。征服者采用了巴比伦的寺庙税概念，并进行了更名，将其称为吉兹亚，利用它来强迫他们以前多样化的臣民接受哈里发国家的文化同质社会。多元文化并存的波斯的辉煌时代也因此一去不复返了。

△ 阿尔塔薛西斯二世是阿契美尼德帝国在位时间最长的君主，统治了 45 年

◁ 这只表面绘有大流士形象的花瓶大约制作于公元前 340 年—前 320 年之间。这只花瓶可能再现了当时在希腊流行的一部如今已失传的历史剧场景

信仰明智之神

琐罗亚斯德教是一种对抗邪恶和混乱的古老宗教

琐罗亚斯德教是世界上最古老的宗教之一，至今仍被人们所信奉。根据古代先知琐罗亚斯德的教导，这是一种崇拜阿胡玛兹达（智慧之主）的一神论信仰。神最初单独接受祈求和崇拜，在阿塔薛西斯二世统治期间，开始被解释为三位一体的一部分，与密特拉——真理之神、正义之神、守誓之神，安娜希塔——水和智慧的多产女神二者并称。宗教的教义集中在善与恶的永恒斗争上，在这种斗争中，邪恶终将被征服。它的哲学和宇宙学思想影响了其他宗教，特别是三位一体概念、来世审判、天堂和地狱思想。

在当代实践中，琐罗亚斯德教是一种思想开放，有时也与其他思想融合的宗教，教众专注于行善。在波斯帝国的黄金时代，它受到当地影响，曾远行传播到印度的部分地区，在阿拉伯人征服波斯期间受到压制，正是琐罗亚斯德教在边远地区的持续实践使它的火焰得以燃烧：这是该信仰的一个重要理念，将火和水作为仪式净化的元素。在古代世界，琐罗亚斯德教的实践者被称为"魔法师"，现如今的"魔法"一词就是由此而来的。

▽ 伊朗雅兹德的琐罗亚斯德教火庙。据说今天全世界仍有 124000—190000 名琐罗亚斯德教信徒在修行

纳巴泰人

人们普遍认为这座位于佩特拉古城的纪念碑是一座令人惊叹的宝库，它实际上是纳巴泰国王阿雷塔斯四世的陵墓。他统治阿拉伯半岛西北部的一个王国。在之前的四个世纪里，通过对贸易路线网的控制，这个王国变得极其富有，最终被罗马帝国同化。

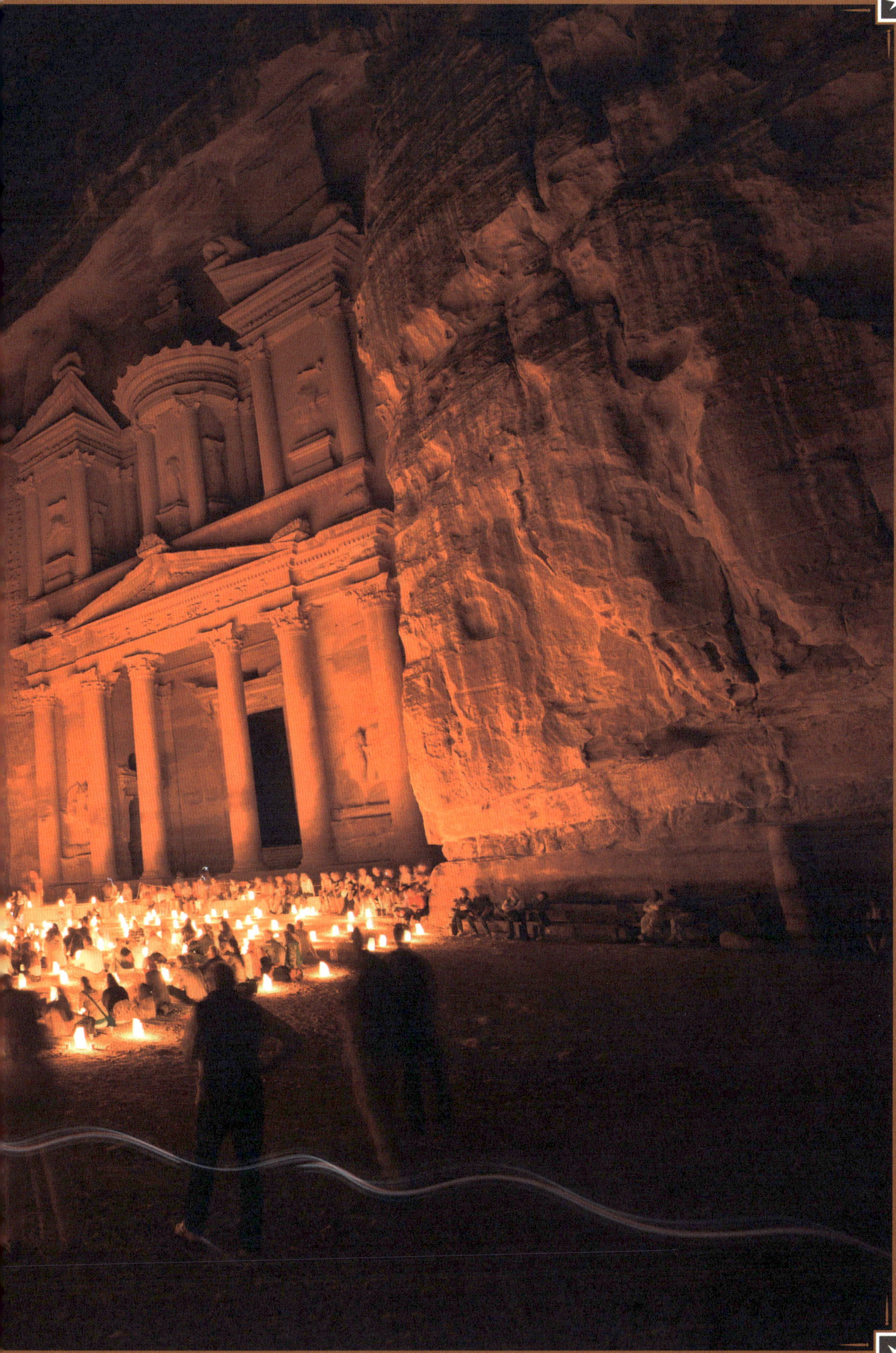

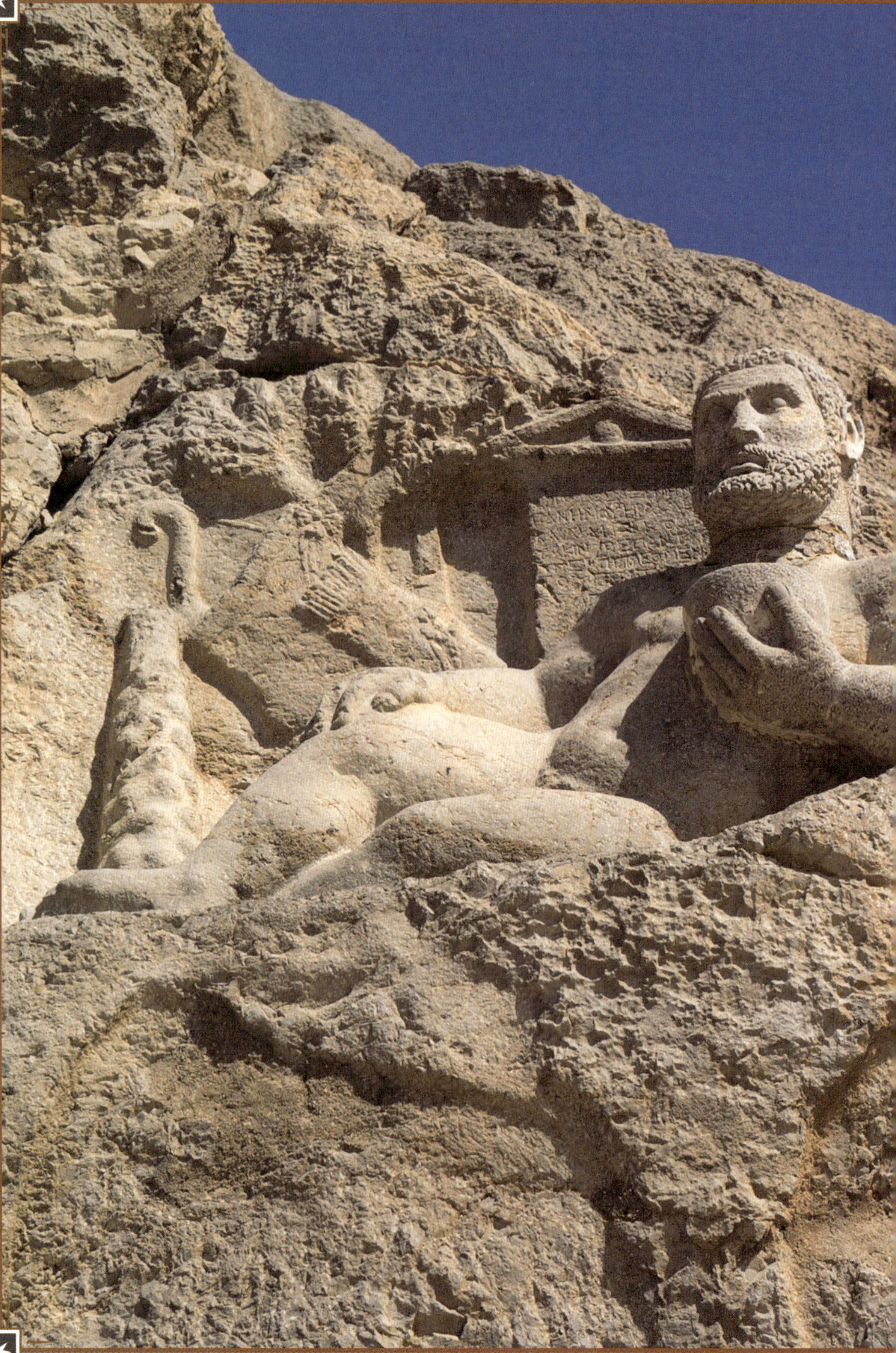

塞琉西帝国

当亚历山大大帝的庞大帝国被他的将军们瓜分时，塞琉古一世成了巴比伦的领主。这是一个持续250年、覆盖中东大部分地区的帝国的雏形。塞琉西王朝试图将希腊文化强加到他们多民族的领土上，比如伊朗比索通的海格力斯雕像。公元前63年，他们最终被罗马人击败。

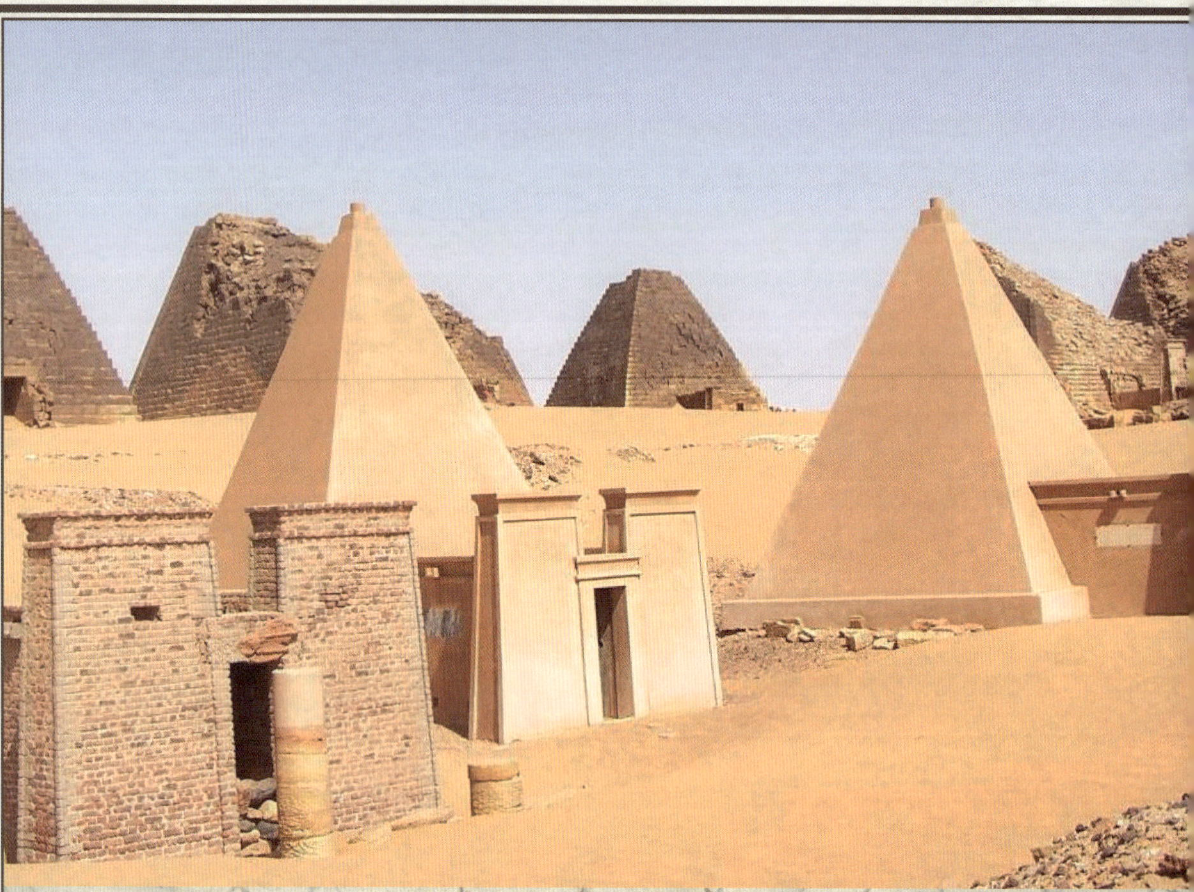

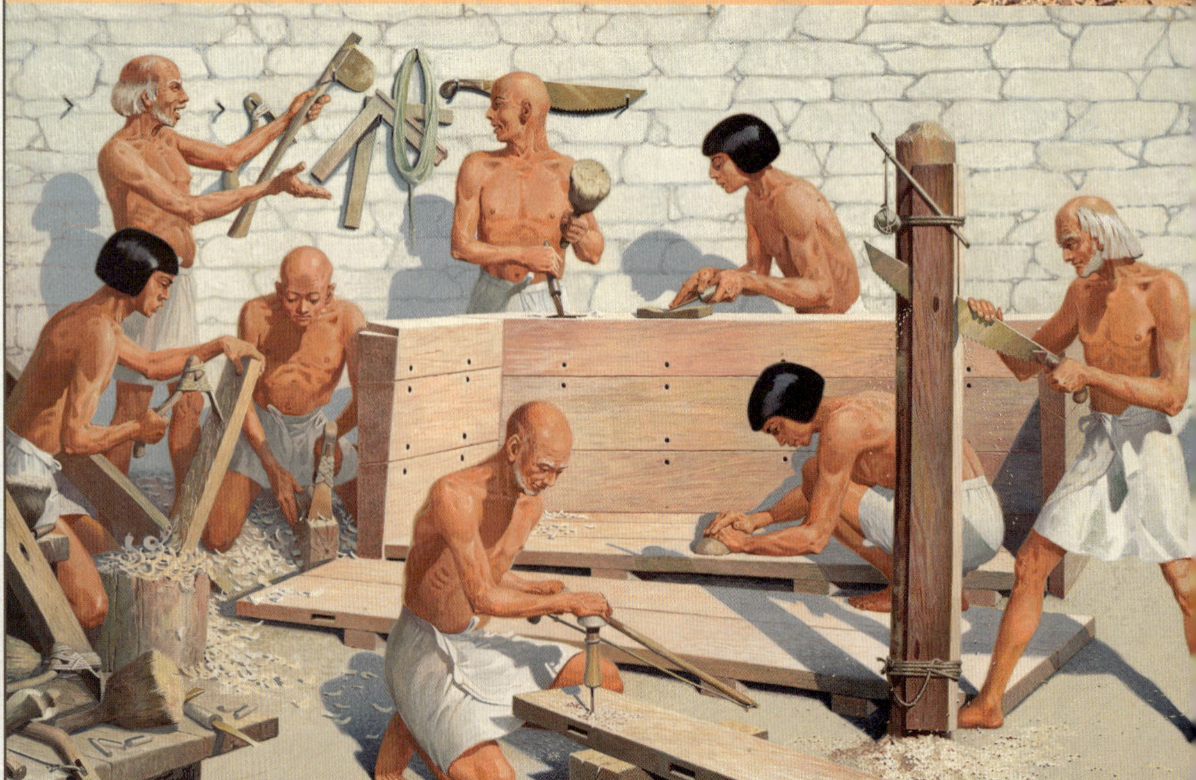

非洲

AFRICA

古埃及王国　83

库施王国　97

诺克文明　105

阿克苏姆王国　107

"古埃及成为文化和宗教中心"

古埃及王国
THE KINGDOMS OF ANCIENT EGYPT

横跨数千年时光，处在新生、发展和迟暮期的埃及王国见证了埃及文化的兴盛，也目睹了法老权力达到顶峰的过程

古埃及王国延续了3000年。像许多其他独立王国一样，它从战乱和分裂中崛起，成长为一个控制北非和周边世界的国家。它成了文化和宗教中心，在这里，科学和巫术交织在一起。但那些黄金时代，那些甚至挑战希腊和罗马巅峰时期人类成就的高峰，是在长期发展中积累形成的。

在被亚述人入侵、被波斯人入主、被希腊人征服和被罗马人吞并之前，埃及人的崛起和灭亡都尚能自主。

古埃及的时间轴被定义为三个不同的时期：古王国、中王国和新王国。在这三个时期之间都存在被称为"中间期"的黑暗时代。古王国时期是文化新生和不朽建筑崛起的时代，正是在此时，古埃及建造了历经千年的标志性建筑。"中王国"指的是国家被统一并稳定发展的时期。在此之后的新王国时期，国土大肆扩张，文化前所未有地繁荣。

古埃及不仅创造了一个军事征服和扩张的时代，也是一个创新的时代。埃及人发明了早期化妆术，包括眼妆；他们与美索不达米亚一样，是最早创造出成熟文字的文明之一；他们在中国人造纸之前几千年就发明了莎草纸；他们设计了我们今天仍然使用的历法；他们甚至宣称自己发明了保龄球和薄荷糖的雏形。

简而言之，这是一个前无古人、后无来者的国家。神明、法老、金字塔、木乃伊、农业以及更多诸如此类的事物，最终使得古埃及成为人类历史上最迷人、最发达的文明之一。

> 在新王国时期并不时兴建造金字塔

历史上著名的法老

这个伟大文明中三个著名法老

古王国：
法老佐塞
公元前 2670 年

在古王国早期的所有埃及国王中，法老佐塞可能最有影响力。他可能不像纳尔迈那样因统一埃及而彪炳史册，但他有两项著名的成就，而这两项成就日后定义了古埃及。他的军事行动巩固并扩大了帝国边界，同时促进了国家的文化发展。他还在埃及土地上建造了第一座金字塔：萨卡拉的阶梯金字塔展示了埃及法老的恢宏气象，是激励后代建造更伟大建筑的典范。

中王国：
蒙图霍特普二世
公元前 2061 年—前 2010 年

古王国的繁荣和扩张之后，王国陷入分裂。这个短暂的黑暗时代被称为第一中间期，在此阶段，埃及被两个对立的王朝分割。下埃及由第十王朝控制，上埃及由底比斯王朝控制。在蒙图霍特普二世统治的 14 年里，他厌倦僵局并攻了下埃及的首都希拉康坡里斯。最终他打破王国对立的局面，统一两个王国，并开启了现在被称为"中王国"的时代。

新王国：
拉美西斯二世
公元前 1279 年—前 1213 年

图坦卡蒙可能是古埃及最知名的法老，但与拉美西斯二世的权力、影响力和成就相比，图坦卡蒙不过是一粒沙砾。第十九王朝的第三位法老拉美西斯二世接管了一个已经很繁荣的王国，并使其变得比以往任何时候都更伟大。他扩张边界，征服迦南地区，征服了努比亚人和黎凡特人。他还建造了许多纪念碑和神庙，甚至还建造了以自己名字命名的首都——培尔－拉美西斯。

▷ 古王国时期的墓葬艺术

△ 第四王朝法老胡夫视察吉萨大金字塔的建造

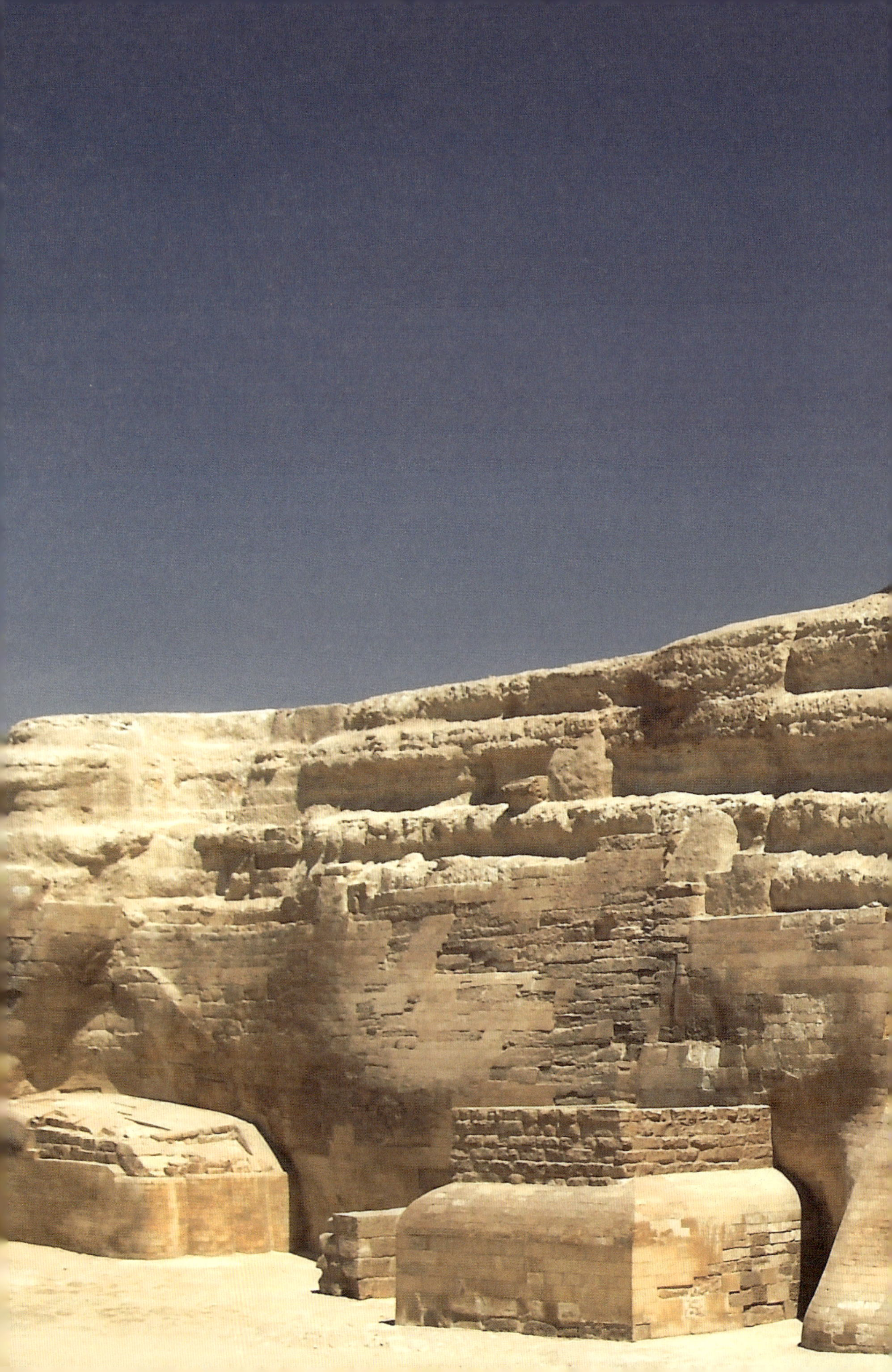

▽ 吉萨狮身人面像被认为是第四王朝的法老哈夫拉时期建造的

古王国

一个新生的时代：
古王国向世界宣告了第一个法老、古埃及的诞生和金字塔的存在

古王国确立之前，被称为前王朝、史前时期或原始王朝时期，埃及正在经历变革。这个国家被划分为数个聚居区，每个聚居区都有自己的首领和统治者。这个国家的北部和南部在生活和文化上也存在着非常多的不同：希拉康坡里斯是南部的首都，贝斯是北部的首都。

20世纪的考古发掘彻底改变了我们对古王国之前的埃及的看法，包括让我们认识到第一王朝和纳尔迈的崛起并非一蹴而就。与下埃及相比，上埃及是这两个国家中较为富裕的一个，有三座主要城市——提尼斯、涅亨和涅伽达。这些城市互相征服或合并。大约在公元前3100年，埃及以勇士法老纳尔迈为首，成为一个统一的国家。此后的早王朝时期，古埃及又在此基础上进行了两次权力更替。也正是在这里，古王国的蓝图被勾勒出来。孟斐斯成为首都，而阿拜多斯成为宗教中心。这个时候的建筑和艺术也开始接近古典埃及风格。随着第三王朝的形成，公元前2686年左右，埃及正式进入古王国时期。

"古王国"一词是由18世纪的历史学家提出的，用于代表埃及文明三个高峰中的第一个。通常被称为"金字塔时代"的古王国见证了埃及在方方面面的伟大进步。从第三王朝和它的第一位法老佐塞，到第六王朝的最后一位统治者尼杰利卡拉·西普塔，这个国家逐渐成为一个文化和军事强国。

金字塔是这个时代的象征，这些纪念性建筑的蓝图出现于法老佐塞统治时期。佐塞的维齐尔（对古埃及宰相的称号）兼近侍伊姆霍特普（被后代奉为半神和治疗之神），是佐塞金字塔的建筑师，他的设计是古埃及工程技术的重大飞跃。在法老佐塞之前，国王被埋葬在矩形的，称为"马斯塔巴"的平顶坟墓中。但第三王朝的创建者希望通过一个神圣统治者的坟墓来获得永生。伊蒙霍特普革命性地将方形的马斯塔巴堆叠在一起，形成金字塔，创造了古埃及王国的建筑珍宝。一座象征着古埃及人对死亡永恒尊敬的大墓地环绕着它，完工后的作品将继续激励未来的法老励精图治。

萨卡拉的阶梯金字塔（佐塞金字塔）的宏伟并没有被那些追随法老佐塞脚步的人所忽略。当第四王朝的法老统治埃及时（公元

> 这个古老的王国以其首都孟斐斯强有力的中央政府而自豪

前2613年—前2498年），一组新的金字塔也在建造当中。第四王朝被认为是古王国的"黄金时代"，是繁荣的顶峰。王国境内和平稳定，外贸交易频繁，经济繁荣。与古埃及的每一个和平时期一样，一股建设热潮席卷了整个国家。

胡夫是第四王朝的第二位法老，他建造了一座宏伟的纪念碑，这座建筑最终被认定为古代世界七大奇迹之一：吉萨大金字塔。这座146.5米高的建筑历时近20年建成，是一项工程壮举，甚至让伊姆霍特普在萨卡拉修建的阶梯金字塔都相形见绌。吉萨成了众多金字塔和庙宇的所在地，被称为吉萨大墓地。吉萨金字塔成为埃及金字塔设计的巅峰，在长达3800年的时间里，它一直是世界最高的人造建筑，是法老力量和许多埃及神明持久力量的证明。

古埃及第五王朝（公元前2498年—前2345年）见证了整个国家神学思想的演变，某些神的地位越来越突出（神的地位起起落落，通常那些受特定王朝青睐或处于重要地理位置的神才能够默默无闻地幸存下来）。拉（正午的太阳神）和奥西里斯（冥王）的崇拜在这段时间里流行起来。

随着乌木、黄金、没药和乳香等商品的大量涌入，埃及的经济也在蓬勃发展。埃及与黎巴嫩和现代索马里签订协议，进一步扩大了他们的贸易边界。简而言之，这是一个不惧侵略和战争的时代。

这种经济实力渗透了第六王朝（公元前2345年—前2181年），墓室、墓室里的符咒和咒语铭文也越来越受欢迎。这些通常被称为金字塔铭文的符号构成了《亡灵书》的基础。

第一位法老

是谁统一了同一个王国两个截然不同的部分，并为旧王国时期奠定了基础？

古王国是埃及第一个真正繁荣和进步的时代，但如果没有之前的两个王朝和那个建立法老制度的人，它就不值一提。这个人就是纳尔迈。就像许多后新石器时代改变历史的领袖和变革者一样，他是一个沉浸在神话、传说和迷雾之中的人。然而，他在第一个王朝开始时的行为和决定为随后的29个王朝树立了先例。

纳尔迈在公元前31世纪的某个时候统治埃及，成为第一个统一上埃及和下埃及的人。当然，对于发生在史前的事件，我们所掌握的大部分信息都来自古墓中的参考资料以及埃及古物学家和历史学家得出的结论，但我们也可以从中获得一些有趣的细节。

在阿拜多斯的墓葬中发现的印鉴与法老卡阿和登有关（据我们所知，这两个法老在纳尔迈之后统治过第一王朝），印鉴上列举了一份国王的名单，名单中纳尔迈位于首位。在法老佐塞的阶梯金字塔坟墓中甚至还发现了石质器皿（精致的花瓶），这些用以向纳尔迈致敬，也意在表达一种与创始人及其生活方式之间的联系。一些历史学家认为，实际上一个名叫美尼斯的统治者才是真正的创始人，而另一些学者则认为纳尔迈和美尼斯是一个人。

▽ 甚至有一种说法认为纳尔迈是神秘君主蝎子王的假名，但目前没有证据证实这一说法

中王国

**一次又一次分裂，一次又一次统一，
古埃及从灰烬中崛起为一个军事和文化强国**

在古埃及历史上，每一段伟大时期，都伴随着一段政府崩溃、领土分裂、国家陷入黑暗的时期。随着古王国末期王权对国家的控制渐弱，埃及进入了一个动荡的时代，第一中间期。

更糟糕的是，两个敌对的王朝第十一王朝（定都下埃及重要城市赫拉克里奥坡里城）和第十一王朝（以上埃及重要城市底比斯为中心）彼此攻伐，法老的权力进一步分裂。这个冲突和分裂的时期持续了125年，直到底比斯法老蒙图霍特普二世的统治确立。

自从公元前2055年登上埃及王位后，蒙图霍特普二世眼看着对手第十王朝因内讧和经常性的骚乱而开始动荡不安。在他统治的第14年，底比斯国王充分利用起义袭击了赫拉克里奥坡里。当他到达的时候，几乎已经没有发动战争的必要了，因为这座城市以及其他地区被轻易拿下。他平息了衰败的第十王朝的残存统治者发起的微弱抵抗，然后着手将王国重新统一为一个整体。

这样的任务并不是一朝一夕就能完成的，他整整花了21年才将上下地区统一起来。他

△ 贝尼哈桑的岩石坟墓，这是一处古埃及墓葬遗址，主要用于中王国时期

开始指挥一系列军事行动以夺回在第一中间期黑暗时期失去的领土。埃及王国疆域南抵努比亚的第二瀑布，这曾是个从统治者手中获得了独立的地区。在恢复埃及对西奈地区的统治之前，蒙图霍特普二世迫使努比亚人归顺。在一个王朝统治早已被遗忘的时代，这位法老用残酷的战争给出了答案。

蒙图霍特普二世巩固了在埃及的权力，并努力统一国家，开创了我们现在所知道的中王国，这一成果也由他的儿子、继任者蒙图霍特普三世继续维持。以法老的标准来看，他的统治是短暂的，仅仅持续12年，但他进一步加速了统一进程，包括重新夺回埃及的旧贸易伙伴蓬特。王位在这之后传承到蒙图霍特普四世手上，但他的统治至今仍谜团重重。在中王国和新王国时期的坟墓中发现的国王名单中，他的名字经常被略去，这表明他的统治时间很短，而且结束得很突然。

《都灵纸草》（也被称为《都灵王表》）就是这样一份文献：它将蒙图霍特普三世死后的那段时期描述为"无王七年"。令人沮丧的是，有关"无王"的信息仍然很少，但一些细节表明，可能发生了某种政变。在哈马马特干河（古代的一个大型矿区）发现的记录确实证明了他的统治，并提到了蒙图霍特普四世曾远征此地，为建造纪念碑而获取石材。记录指出，一位名叫阿蒙尼姆赫特的大臣是他的指挥官。我们

无法确定这是否就是最终登上王位的那个人，然而，这似乎很有可能，下一个王朝就是这样开始的：作为领导者，阿蒙尼姆赫特一世首先将首都迁回孟斐斯（旧王国时期的首都），并组建了一支常备军——他的继任者一直将这一建制保留到整个王朝结束。这位新国王开始加强国家边境的防御，特别是埃及和亚洲之间的边境，在东三角洲，他建立了大公墙。事实上，阿蒙尼姆赫特一世在埃及各地重建或建造了新的防御工事，将这个古老国家的军事战略从扩张转变为单纯的防御。

阿蒙尼姆赫特一世最终和他的儿子辛努赛尔特共同摄政，直到他被暗杀——据说还是被他自己的卫兵暗杀。他的继任者，现在的辛努赛尔特一世，在最终与自己的儿子阿蒙尼姆赫特二世共同执政之前，开始了一系列更广泛的军事行动。他儿子的统治时期则相对和平，最终，阿蒙尼姆赫特二世也选择与继任者辛努赛尔特二世共同执政。新法老主要致力于王国的维护，在拉罕建造金字塔并试图将法尤姆绿洲转变为可耕种的农田。

在他的继任者辛努赛尔特三世的独自统治下，中王国的权力和影响力达到顶峰。这位新的勇士国王不同于那个时代的任何人——他代表了一个早已被遗忘的时代的思维模式，一种扩张王国和征服新土地的侵略性渴望。他调集一支庞大的军队到王国

在中王国时期，尼罗河高涨的水位促进了农业和经济的发展

古代文明史　　　　　　　　　　　　　　　　　　　　ANCIENT CIVILISATIONS

北部，无情地攻击努比亚人，迫使他们投降，最终占领了大量的努比亚领土。

他的继任者阿蒙尼姆赫特三世以其激进的建筑方法而闻名。他以前所未有的方式充分利用了该国的石灰岩和砂岩采石场，开始了一项遍及整个王国的庞大建设计划。

阿蒙尼姆赫特三世的儿子阿蒙尼姆赫特四世的统治记录极少，但他的继任者索贝克尼斐鲁成为该国历史上第一位有记录的女性统治者，尽管她的统治只持续了四年。

△ 在底比斯始建的阿蒙尼姆赫特一世金字塔，但目前还不清楚为什么它和首都一起被迁移到里施特

中王国的封建政府

在中王国之前的古王国和其后的新王国，法老的统治都是绝对的。祭司、贵族甚至王后本人都可以在征得同意的情况下协助法老行事，大多数情况下，法老只对众神负责。然而，当古老的王朝崩溃并分裂成两个独立的王国时，这一权威的统治受到了威胁。由于两个王朝争夺权力，王国原有的权力结构被破坏了。

在法老崛起之前，整个国家被划分为小的行政聚居地——诺姆。每个诺姆都有一个指定的领袖。这些独立的城邦是第一任法老必须联合的，只有如此才能建立一个作为统一整体的埃及。

即使在统一之后，这些由来自下埃及 20 人和上埃及 22 人构成的统治者仍然存在。然而，他们更多的是以地区官员的身份存在，直接向王室报告。随着国家进入第一中间期，这些诺姆又重新获得自治权。

统一之时，新的法老阿蒙尼姆赫特一世发现这些诺姆不愿意完全屈服。首领的地位被认为是世袭的（而不是由国王决定的），这一问题因多个诺姆之间的联姻而变得更加严峻。为了维持王国的和平，阿蒙尼姆赫特被迫同意结盟，建立了一个奇怪的封建制度，该制度一直持续到辛努赛尔特三世统治时期。

△ 古埃及人在中埃及木匠店建造木棺

新王国时代

古埃及的最后一个伟大时代,也是迄今为止最伟大的时代之一——一个经济繁荣、国家强盛和军事扩张的时代

新王国从公元前16世纪持续到公元前11世纪,见证了古埃及的转变。它的国王和王后都展望着王国充满希望的未来,并希望效仿过去的君主。王国在勇武国王的利剑下扩张,而王国本身也在新出现的经济繁荣期重建。这是古埃及的鼎盛时期,在这期间,艺术和文化繁荣起来。

新王国时期之前有另一个分裂状态,被称为第二中间期。自公元前16世纪开始,喜克索斯人开始在肥沃的三角洲地区(尼罗河诸支流注入地中海前形成的扇形冲积平原)定居。当底比斯的法老意识到这个部族的威胁时,已经太晚了。喜克索斯人是令人生畏的战士,他们使用先进的武器(主要是骑兵、战车和强大的复合弓),而且已经在那里扎下了根生存下来了。

第十五王朝建立并持续了150多年,但喜克索斯的存在将埃及一分为二,喜克索斯人控制下埃及,底比斯人统治上埃及。底比斯的国王们为此多次发动战争,想要打败喜克索斯人,但这个部落都是经验丰富的战士,没有被轻易击败。

直到第十七王朝的第一个法老阿赫摩斯一世出现,一切才发生了改变。看到他的家族成员没能驱逐喜克索斯人,阿赫摩斯一世召集了一支庞大的军队,不屈不挠地与喜克索斯人作战。多年来,他不断鏖战边境,慢慢将喜克索斯人击退。最终,这位底比斯法老将侵略者赶出了他的祖国,并着手恢复埃及昔日的辉煌。

随着埃及的统一,第十七王朝的创始人开始了一系列广泛的军事行动,不但开辟了新的领土,还夺回了在第二中间期失去的土地。这些征服为经济繁荣带来了新的财富,神庙和纪念碑的建造重新焕发了活力,阿赫摩斯一世得以重建这个古老的美丽国家。

阿赫摩斯一世恢复埃及昔日辉煌的愿望也影响了之后的国王和女王的行动。阿蒙霍特普三世以前所未有的规模重建纪念碑、墓葬和雕像,巩固了新兴的艺术和表达方式。

哈特舍普苏特女王是第一位获得法老头衔的女性,她对这个国家的经济发展做出了贡献,包括对蓬特和其他贸易站的远征。图特摩斯三世创建了有史以来最令人印象深刻的军队之一,并用它一次又一次地征服且扩

> 这一时期对死亡的信仰发展起来,导致了为求庇护来生的护身符的兴起

展了埃及边界。第十八王朝是一个在许多方面都取得成就的时代，但就像任何一个成功的时代一样，它也存在缺陷。

阿蒙霍特普四世也称为埃赫那吞，他是一个宗教狂热分子，蔑视阿蒙教会（阿蒙是底比斯王的守护神）的力量，他不信奉自古埃及早期就确定下来的多神信仰，禁止臣民崇拜阿吞神以外的任何神，这一改革使这个国家陷入大规模的宗教动乱之中。

后来人们所知的阿玛尔纳时期只持续了16年，但破坏十分严重。这场巨变遭到了全世界的鄙视，以致埃赫那吞被称为"异端法老"，甚至连他自己的儿子、未来的法老图坦卡蒙也这样认为。他的改革被后来的历史抹去，一切恢复如常，埃及将恢复往日荣光。

随后的王朝将埃及的繁荣推向了新的高度。拉美西斯二世是当时最著名的法老，他率领图特摩斯三世组建的强大军队发动军事行动，将埃及打造成最强大的国家。他生了很多孩子（大多数都没他活得长），并在国王谷建造了一座巨大的陵墓。

和第十九王朝一样，第二十王朝也是因一位法老而闻名：拉美西斯三世。然而，虽然拉美西斯二世巩固了他的国家，但他的后代却因失败的军事行动和防御行动耗尽了国库，最终使埃及走向衰弱。正是他对王位管理不善，最终导致了新王国和法老统治的缓慢衰落。

后事如何？

新王国和它最后的黄金时代结束后，这个古老文明未来将如何发展？

虽然我们熟知的古埃及时代在公元前 30 年埃及艳后克利奥帕特拉七世去世和罗马帝国侵入后正式结束，但它真正的终结实际上可以归因于拉美西斯十一世的死亡。在接下来的一段时间里，也就是第三中间期，法老的权力开始衰落，地方分裂倾向逐渐明显。

这一时期大约持续了 350 年，分为三个阶段：第一个阶段是国家被第二十一王朝（控制下埃及）和底比斯的阿蒙大祭司（统治中埃及和上埃及的大部分地区）统治。这两个国家相对和平和谐地共存着。在第二个阶段，由于第二十二王朝和新国王舍尚克一世的崛起，埃及重新统一。大约在公元前 945 年，努比亚君主开始掌权，其统治从东部三角洲扩展到整个国家。努比亚人曾经是埃及的死敌，现在却以埃及人的身份统治着埃及。公元前 850 年，在第二十二王朝的统治下，这个国家再次动荡，到公元前 818 年，一个敌对的第二十三王朝崛起，国家分裂，进入到相互讨伐的战争阶段。

这个国家最终被努比亚人入侵，战争持续了 25 年。这标志着接下来几个世纪的一种趋势，因为埃及恢宏的本土历史随后被亚述人、波斯人以及最终被希腊人的入侵所埋葬。简而言之，这个国家已经支离破碎，与三个王国时期稳定的中央集权结构相去甚远，以至于国家稳定最终靠外族统治实现。

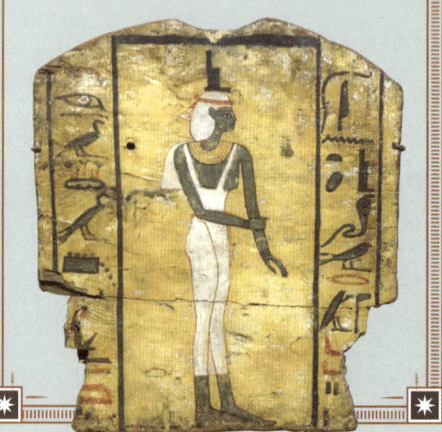

库施王国
KINGDOM OF KUSH

埃及的南部邻国建立了一个持续了一千多年的帝国，他们在向北推进的过程中建立了第二十五个埃及王朝

当罗马只是台伯河畔的一个村庄，希腊城邦只统治着一小块土地时，强大的库施王国统治着一个从苏丹中部一直延伸到巴勒斯坦边境的帝国。它繁荣了一千年，比雅典、斯巴达和马其顿的黄金时代还要长，见证了罗马帝国的发展和衰落。

然而，在历史上，这个王国一直被古埃及人的阴影所笼罩，古埃及人是库施人著名的北方邻居，尽管埃及也曾一度被库施人控制。当库施人最终被亚述人驱逐出埃及时，他们的家园已经缩成一个微不足道的角落。一个著名历史学家对此评论道："他们越来越发现自己在尼罗河尽头的流域，与北方连通的渠道很难打通。"但这个王国仍顽强存在着，其居民也得享亨通。今天，组成库施王国的地区通常被称为努比亚，它的名字来源于公元4世纪库施王国最终崩溃后移居这一真空地区的民族。

库施王国起源于一个成立于公元前300年—前2000年的强大国家。这个国家利用尼罗河中段的地理位置成为贸易的门户，从南方运送黄金和珠宝等昂贵的物资到北方的消费市场。这个位于这条贸易路线之上的国家定都于今尼罗河第三大瀑布上游的科尔玛。科尔玛一直享有繁荣的统治，直到大约公元前1750年—前1650年一个叫喜克索斯的民族在尼罗河三角洲掌权。

起初，科尔玛人与喜克索斯人结成联盟继续向北推进，占领了埃及的要塞。然而，法老们集结起来，雅赫摩斯（公元前1570年—前1546年）重新统一埃及，并在战斗中击败喜克索斯人。新埃及王国随后为科尔玛侵占土地复仇，科尔玛王国被粉碎。法老图特摩斯一世和图特摩斯三世在该地区强制部署了埃及军队。为了纪念图特摩斯一世的征战，图特摩斯一世的儿子题写了一段著名的铭文，纪念他从推翻"可怜的库施"中凯旋。

在埃及人的控制下，受北面埃及人的风尚和南面非洲人的文化的影响，库施出现了一种融合文化。库施位于从埃及到红海、从尼罗河到南部和西部的贸易路线上，继续为该地区带来可观的财富。

然而，埃及不可能无限期地维持统治，到公元前9世纪，法老殖民的证据就已经消失殆尽，纳帕塔的主要宗教中心已经倒塌。考古学家发现了那时一个独立库施国的数据。公元前827年，法老送给卡纳克神庙的礼物中包括纳帕塔周围地区的黄金，纳帕塔后来成为早期库施国王的所在地。这表明，尽管两国之间的联系不稳定，但两国之间仍享受着友好的外交和贸易关系。

早期的库施统治者很难确定，在公元前8世纪领导库施人扩张到埃及的卡什塔之前，我们只知道阿拉拉和阿里，而且看

起来他们可能是同一个人。卡什塔在今苏丹首都喀土穆以北约482.8千米处的纳帕塔统治库施,他在埃及拥有相当大的影响力,他的女儿尼尔迪斯一世在底比斯被任命为阿蒙神的妻子就证明了这一点。事实上,喀什塔继续将库施人的控制扩展到底比斯和伊里芬丁。他的继任者皮耶率领库施人进入埃及,建立埃及第二十五王朝。库施人的这段杰出时期通常被称为纳帕塔帝国,是以首都命名的帝国。库施国王从公元前744年—前656年统治着全部或部分的埃及。

考虑到它与北方邻居相邻且拥有长期的历史联系,库施

文化在这个阶段与埃及文化非常相似也就不足为奇了。当然，库施国王"不是作为征服的野蛮人"入驻埃及的，一位著名的历史学家和考古学家写道，"而是作为法老古老传统的捍卫者"。库施最伟大的神是阿蒙，至少在第二十五王朝如此。自公元前2000年以来，几乎所有人都信奉这位神明。

虽然大多数统治者都是男性，但有明确的迹象表明，库施也有女王，毫无疑问她们也是合法的统治者。《圣经》第8章第27节提到了"埃塞俄比亚人的女王坎迪斯"，而进一步的资料记载了库施的女统治者坎达克。显然，有些人混淆了通用名和实际统治者的名称。关于继承，似乎最合适的候选人是从特定群体中选择出来的，这些候选人可能与前任统治者没有联系。而古希腊历史学家狄奥多罗斯认为，候选人是从最勇武的库施人之中挑选的，而他们的神会做出最终的选择。

库施的统治者和祭司之间可能存在冲突，在狄奥多罗斯的记录中，后来的统治者的所在地梅罗的祭司，能够决定统治者的死亡日期。纵观库施的历史，其政治制度始终保持君主制。

埃及人似乎认为库施的居民是优秀的弓箭手和骑士，因此军队具有极高的重要性，尽管没有多少人知道在有需要的时候召集这些人是否正确。有证据表明，一些领导人

> 麦罗埃，库施王国的首都，2011年被联合国教科文组织列为世界文化遗产

△ 阿佩德马克，有三个头和四条胳膊，是库施的战神

> "皮耶率领库施人攻入埃及，
> 建立了埃及第二十五王朝"

没有与军队一同作战，而其他的，如塔哈尔卡（公元前 690 年—前 664 年）和阿基达（生卒日期不详，但他曾与罗马人作战）似乎是做好了战斗准备的战争之主。

希罗多德记载了公元前 5 世纪初薛西斯军队中库施士兵的存在，他们入侵希腊，声称用标枪和棍棒战斗，在战斗之前，他们用粉笔和红赭石涂抹自己的身体。历史学家认为，库施军队可能像迦太基人一样使用了战象，大象也确实出现在了库施的艺术作品中。库施军队的战斗力很难评估，尽管在与亚述人之间的冲突中，他们被驱逐出埃及，第二十五王朝被推翻，但库施的勇士确实

▷ 作为埃及的神，阿蒙也被库施人崇拜

库施的国王们

虽然许多库施的统治者至今依然形象朦胧，但我们对其中的佼佼者也有所了解。

喀什塔
公元前 8 世纪中叶

作为纳帕塔帝国的第二任国王，喀什塔用行动证明了他在埃及的扩张中起到的关键作用，并且他也为后来的第二十五王朝奠定了基础。喀什塔唯一为人所知的妻子是培巴特吉玛，他死后被埋葬在埃尔 – 库鲁的王室金字塔中。

皮耶
约公元前 752 年—前 721 年

喀什塔的继任者皮耶完成了对埃及的征服，并且成为埃及第二十五王朝的第一位法老。在亚述人入侵之前，该王朝一直统治着埃及。我们无法精准确定皮耶的统治时长，但可能不超过 31 年。

塔哈尔卡
公元前 690 年—前 664 年

作为皮耶的儿子，塔哈尔卡见证了库施历史上一段繁荣的时期，同时，他也是一位能力卓越的战争之主，他尽其所能地抵挡了装备着铁器的亚述人对埃及的入侵。尽管武器落后，但根据历史记载，他的军队至少取得过一次著名的胜利。

坦沃塔玛尼
公元前 664 年—前 653 年

坦沃塔玛尼是前任统治者皮耶的侄子，他试图从亚述人手中夺回埃及的控制权，并重新占领了包括孟斐斯在内的整个埃及。亚述人对此的反应迅速而致命，他们重新征服埃及，并有效地抹除了库施人对当时埃及的影响。

阿斯佩尔塔
约公元前 600 年—前 580 年

库施人的历史在第二十五王朝灭亡后变得更加模糊不清，但阿斯佩尔塔留下了刻有历史细节的纪念碑，有人认为亚述人从北方入侵迫使阿斯佩尔塔将库施的首都从纳帕塔迁至麦罗埃。

◁ 阿曼尼托尔，库施女王之一

有一次引人注目的胜利，他们于公元前674年打败了挥舞铁器的亚述人。和许多对抗罗马的军队一样，库施人似乎没有取得什么成功，历史学家和地理学家斯特拉博指出，他们在公元前23年的普塞基斯战役中惨败而逃。

幸存的艺术证据表明库施人是深肤色的，而且似乎在库施后期，至少对于普通女子来说，身材是一个直观的特征，女神们在他们的描绘中身材苗条，而尘世的女人则腰围粗大。这一时期，寿命短暂是该地区的典型特征，尽管塔哈尔卡统治了25年以上并在46岁或47岁时死亡，但人们的平均死亡年龄大多在30岁以下。

统治尼罗河中部长达800多年的库施人因亚述人的入侵而被迫离开埃及。在阿斯旺荒山的保护下，库施人保留了其独特的埃及-努比亚文化，而埃及则沦为波斯、希腊和罗马的牺牲品。库施人发展并保留了他们自己的语言，这种语言自发现以来就一直困扰着语言学家。他们保留了自己的神——比如狮面阿皮狄马、赛比乌麦科和阿瑞斯努菲斯——同时也信奉伟大的埃及神。他们的葬礼仪式包括将他们的统治者埋葬在金字塔中，尽管他们的建筑与埃及人有所不同。

被驱逐出埃及后，库施首都从帕塔向南迁移，移到了位于尚迪附近的麦罗埃。然而，库施逐渐衰落，直到公元350年王国覆灭。当时，阿克苏姆国王从埃塞俄比亚高地下来，摧毁了麦罗埃，然后对尼罗河沿岸的城镇进行掠夺。曾经强大的库施王国不复存在了。

Africa 非洲

△ 阿蒙神庙遗址上发现的浅浮雕

△ 库施人墓中的银质祭奠酒碗

▽ 麦罗埃金字塔

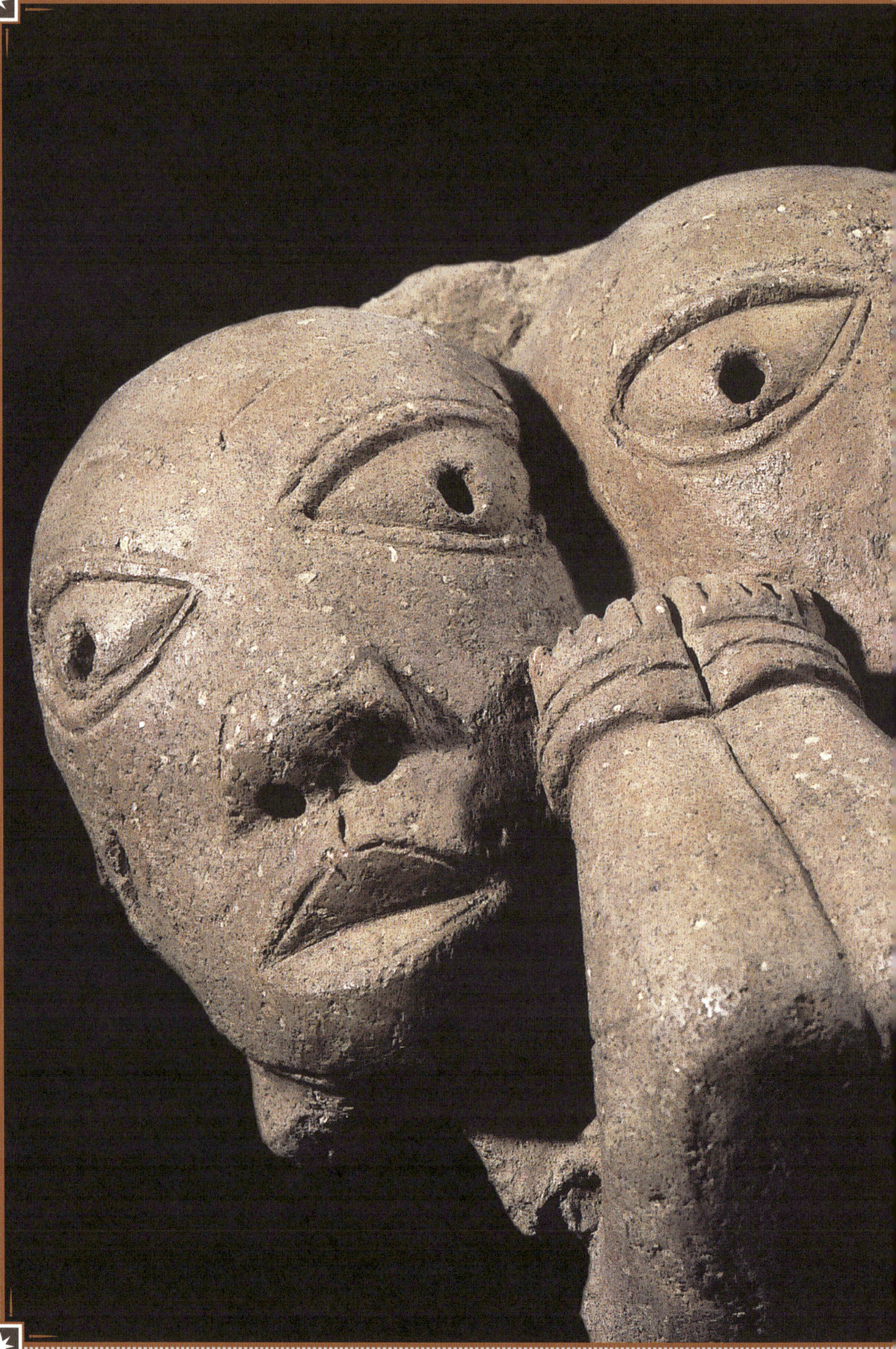

诺克文明

尽管诺克文明持续了大约2000年，并在公元500年左右突然结束，但人们对尼日利亚北部的诺克文明知之甚少。1928年，历史学家最早发现了这一文明，因为矿工们发现了一批长脸形的陶俑。随后的考古调查表明，他们可能属于西非第一个复杂的铁器社会。

▽ 阿克苏姆更奇特的遗产是巨大的花岗岩方尖碑,用来标记著名的陵墓

"阿克苏姆成为撒哈拉以南第一个自己铸造硬币国家"

阿克苏姆王国
THE KINGDOM OF AKSUM

撒哈拉以南的阿克苏姆王国位于西方世界和亚洲世界之间的独特位置上，随后发展为罗马帝国和波斯之间最强大的国家

公元前1000年，撒哈拉以南非洲处于大迁徙时代。阿拉伯人渡过红海，和库施王国的农民一起定居下来，并产生了闪米特文字，非洲东部发生了变化。他们在非洲之角建立了贸易定居点，购买象牙，然后通过印度洋把它们运到波斯和更远的地方，并带回纺织品、香料和丝绸。

阿克苏姆城建于公元1世纪，位于今埃塞俄比亚的北部高地。这里每年有两个雨季，这片肥沃的土地很快吸引了大批南方移民来养牛和耕种。一年中，谷物在山坡上生长的时间长达9个月，而埃塞俄比亚特有的营养丰富的谷物——画眉草，即使在没有雨水的情况下也能茁壮成长。这里的森林盛产用来制作成木炭的木材。阿克苏姆人在山顶上建造梯田、挖运河、修建水坝和蓄水池。在阿

◁ 最大的阿克苏姆方尖碑高33米，由一块花岗岩雕成，是古代世界最大的石碑之一

克苏姆王国建成后不久，一个到访的希腊人将它描述为"大都市"（metropolis）——这是这个词第一次出现于记载中。

根据当地的口头传统，该地区的土著居民是说尼罗-撒哈拉语的库纳马人，被驱逐到西部之前，他们和闪米特人一起住在阿克苏姆。"阿克苏姆"这个名字很可能来源于库纳马语单词"aya"和"gusma"，意思是"山"和"爬"。随着城市的扩张，它发展出了自己的文明，并且将目光投向了外面的世界。

在当时，尽管距离现在的厄立特里亚红海沿岸的阿杜里港有12天的路程，阿克苏姆人还是通过与罗马帝国、南阿拉伯、印度、斯里兰卡甚至中国的贸易而致富。于是，它开始支配邻国，把政治范围扩大到红海，在那里充当进出非洲的奢侈品的看门人。到2世纪中叶，阿克苏姆被一位希腊地理学家描述为"国王宫殿所在地"。

在阿克苏姆诞生的同一时期，罗马帝国占领埃及，成为阿克苏姆天然的贸易伙伴。途经红海的贸易是唯一能够满足罗马对熏香、香料、象牙、肉桂、胡椒、棉布、钢铁需求的来源。

古罗马作家小普林尼还提到了奴隶、河马皮和猿类贸易。公元3世纪，随着罗马势力的衰落，东非和印度洋的贸易路线被阿拉伯人和波斯人控制着——阿克苏姆人控制着红海海岸到瓜达富伊角地区。

为了纪念地位的上升，阿克苏姆成了撒哈拉以南第一个自己铸造金、银和青铜硬币的国家。早期的货币饰有新月和圆盘，这可能是受到了南阿拉伯文明的启发。金币按照罗马重量标准铸造，并饰以专门用于国际贸易目的的希腊文。另外，银币和铜币装饰着闪米特文字。当时，一位波斯宗教领袖称阿克苏姆为世界四大帝国之一。

阿克苏姆人通过标记皇家墓地的方尖碑来彰显威望。他们的雕刻设计类似于多层建筑，是对生活在三层石头宫殿中的皇室成员的恰如其分的致敬。近120个用于装饰的建筑物环绕着皇家墓地，还配有假门和马蹄形砖拱门。最大的方尖碑高约33米，由一块550吨重的花岗岩雕刻而成。它是古代世界上最大的整体建筑之一，当时可能是使用大象进行搬运，被抬到4千米外的遗址处的。

在鼎盛时期，这座城市占地75公顷，是一个拥有生产区、宫殿和双层住宅楼的繁荣中心。宫殿的石壁衬以石灰或泥土，并用装饰梁加固，傲视其余建筑。中央楼阁以绘画和圆柱为特色，周围是庭院和较小的建筑。然而，平民住在以茅草为屋顶的泥房子里。

没有坚固的城墙，一个用于举办仪式的入口从东边通向中央寺庙，西面是住宅区，北面和东面是皇家墓地。整个城市都被小墓地和郊区包围着。大约有两万人曾经居住在这里，国王处于等级社会的顶端，其次是贵族、

> 阿克苏姆被一位当代波斯作家描述为当时世界四大强国之一

"阿克苏姆人掌握了基本的冶炼和锻造技术"

锡安圣母马利亚大教堂

随着基督教的普及，教堂的建设也开始了，但其中一座新建筑很快就染上了神话和传说的色彩

在埃扎纳国王皈依基督教后建造的教堂中，有阿克苏姆自己的锡安圣母马利亚大教堂，这是一座建在阶梯式讲坛上的长方形教堂。教堂对面是一组花岗岩宝座，象征着12个阿克苏姆法官，也代表着9个圣徒和一些基督教国王。亚历山大大主教选举一名埃及科普特人为埃塞俄比亚教堂大主教，这一传统一直延续到今天。它在17世纪重建成贡达林风格的有垛口的建筑，建筑内有一个神圣的房间，门上描绘着持剑的天使，据说是用来存放约柜（古代以色列民族的圣物）的——传说中，柜子里装着最初刻有十诫的石板。

埃塞俄比亚传说称，约柜是由所罗门国王和示巴女王的私生子梅内里克带到那里的，他们建立了该国的所罗门王朝。据传，它由一位终身受命的守护牧师看守。在一年一度的提姆卡特节上，庆祝基督受洗的埃塞俄比亚祭司会游行展示方舟的复制品。阿克苏姆仍然是一个朝圣地，朝拜者们前往一个称为示巴浴池的水域，据说女王曾在那里沐浴。

▽ 这座教堂始建于公元4世纪，之后又多次重建

祭司，然后是普通的工匠和农民。

传统的阿克苏姆陶器是手工制作的，虽烧制粗糙但器皿表面很光滑，而且打磨得很细致。制陶的陶轮是从地中海、阿拉伯湾和尼罗河河谷进口的，而不是本地生产的。当地人使用破损进口商品的部件，尽其所能复制如玻璃器皿等外来品。他们还制作了标准化的片状石质工具，用于加工象牙、兽皮等原材料。阿克苏姆人掌握了基本的冶炼和锻造技术，制作了一系列专门的金属工具，用于制作象牙工艺品，图案通常是缠绕在一起的藤蔓和具有独特性的动物。

在3世纪的阿克苏姆贵族坟墓中发现的维纳斯等展品，暗示着上层阶级对希腊-罗马美学的欣赏。象牙在罗马帝国、阿拉伯半岛、印度和中国都非常流行。随着北非大象濒临灭绝，阿克苏姆因其大象种群充足处于有利地位。据说，阿克苏姆拥有多达5000头大象，然而，这将它推向了与其西北邻国库施王国的一场经济战中。

4世纪，在国王埃扎纳的统治下，阿克苏姆的综合国力达到顶峰。国王打败了沙漠部族贝贾，将他们驱逐到遥远的地方。接着，他征服也门，然后拿下库施人的首都梅罗，用他自己的话说："当他们造反时，我对他们发动了战争……我烧毁了他们的石屋和稻草。我的军队抢夺他

古代文明史　　　　　　　　　　　　　　　　　　　　　ANCIENT CIVILISATIONS

△ 狂欢者庆祝一年一度的提姆卡特节，纪念基督受洗

▽ 锡安圣母马利亚大教堂，现为埃塞俄比亚的东正教教堂

们的粮食和铜、铁等金属，毁坏他们家中的神像、谷仓和棉仓。于是他们投河自尽。"阿克苏姆王国成了一个坐拥十几座城市的帝国，领地从尼罗河谷地一直延伸到也门高地。

埃扎纳用希腊文和闪米特文写的长文颂扬了他的征服之路，以及他大胆决定背离阿克苏姆传统宗教之举。早期的阿克苏姆人信奉本土的一神信仰，崇拜他们国王的后裔——马雷赫姆神。万物有灵论和对祖先的崇拜也在精神方面发挥着作用，比如在马雷赫姆和阿瑞斯（相当于希腊战神）旁边供奉着十几头牛。

330年左右，埃扎纳接受了提尔僧侣弗鲁曼提乌斯的洗礼，阿克苏姆成为最早的基督教国家之一。君士坦丁大帝在尼西亚公会议上将其列为罗马官方宗教的仅仅五年之后，阿克苏姆就皈依了基督教。基督教很快在皇室和商人中扎根，然后逐渐渗透到平民中。后来，政府向邻近的阿尔瓦王国派遣了传教士。

这一转变导致了阿克苏姆铸币、陶器、丧葬传统和建筑风格的转变。现在的硬币上装饰着基督十字架、国王的肖像、画眉草画像和题词："愿这个国家万事顺遂。"还有人说："愿民众平安喜乐"又有人说："上帝借着基督得胜。"阿克苏姆铸币厂开始用铜币取代金币，革新镀金方法，用金箔装饰皇冠和其他标志物。

5世纪，尽管西罗马帝国灭亡了，但王

> 公元4世纪，阿克苏姆国王埃扎纳彻底信奉东正教

国却迎来了快速发展的繁荣期——后来的埃塞俄比亚人把这归功于"九圣"，他们在王国首都之外建立了教堂和修道院。受此鼓舞，6世纪的国王卡莱布派遣军队前往也门，将基督徒从迫害中解放出来。虽然这带来了新的领土，也拉近了与拜占庭皇帝查士丁一世的关系，但事实证明，这是一项代价高昂的事业，王国开始逐步衰落。波斯人入侵也门、耶路撒冷和亚历山大，导致贸易中断，王国进一步衰败。

随着伊斯兰教的到来，阿克苏姆人和穆斯林之间短暂地保持着融洽的关系，大约在615年第一次大逃亡期间，阿克苏姆国王给一群穆斯林以庇护。然而，随着宗教的繁荣，阿拉伯人完全控制了红海，并切断了它与地中海的联系。不久，阿克苏姆人被迫东移首都，阿克苏姆本身则作为一个宗教圣地和加冕仪

△ 阿克苏姆成为撒哈拉以南第一个开始铸造自己的硬币的强国，硬币上铸有国王的画像，后来又铸有基督教的肖像

式的场所幸存至今。

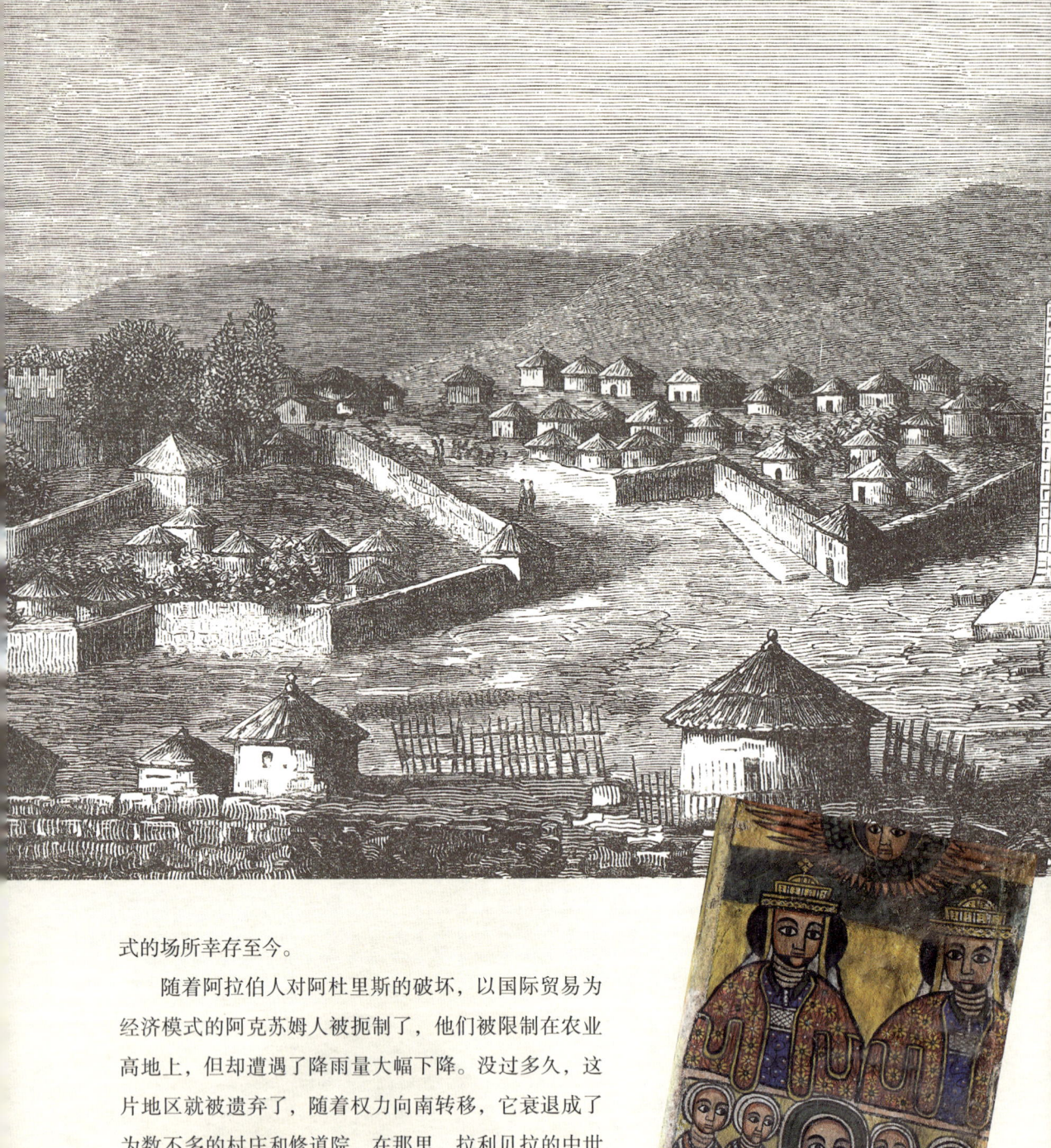

　　随着阿拉伯人对阿杜里斯的破坏，以国际贸易为经济模式的阿克苏姆人被扼制了，他们被限制在农业高地上，但却遭遇了降雨量大幅下降。没过多久，这片地区就被遗弃了，随着权力向南转移，它衰退成了为数不多的村庄和修道院。在那里，拉利贝拉的中世纪石雕教堂证明阿克苏姆美学得到了重生。阿克苏姆最初是一个自给自足的农业社区，但当它迅速发展成为一个商业王国时，它最大的力量源泉变成了它最大的弱点。作为一个独特而强大的撒哈拉以南的文明，它依赖于国际贸易，或许它的影响力已经超出了自己的掌控范围——就像它最伟大的方尖碑因基础不够牢固而在自身的重压下坍塌一样。

△　国王埃扎纳和他的兄弟萨扎纳在尼西亚会议后不久，由圣弗鲁曼提乌斯引领改信基督教

非洲

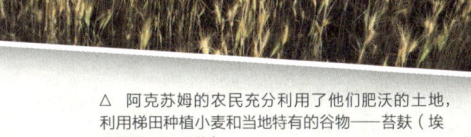

△ 阿克苏姆的农民充分利用了他们肥沃的土地，利用梯田种植小麦和当地特有的谷物——苔麸（埃塞俄比亚画眉草）

◁ 阿克苏姆的第一批定居者是库纳马人和闪米特人，他们被北部肥沃的高地所吸引

▽ 阿克苏姆的第一座教堂，锡安圣母马利亚大教堂，是一册有1000年历史的羊皮《圣经》的所在地，这册《圣经》是用吉兹语撰写的

▽ 罗马、波斯、印度和中国对珍贵象牙的需求使阿克苏姆从一个城市变成了一个王国

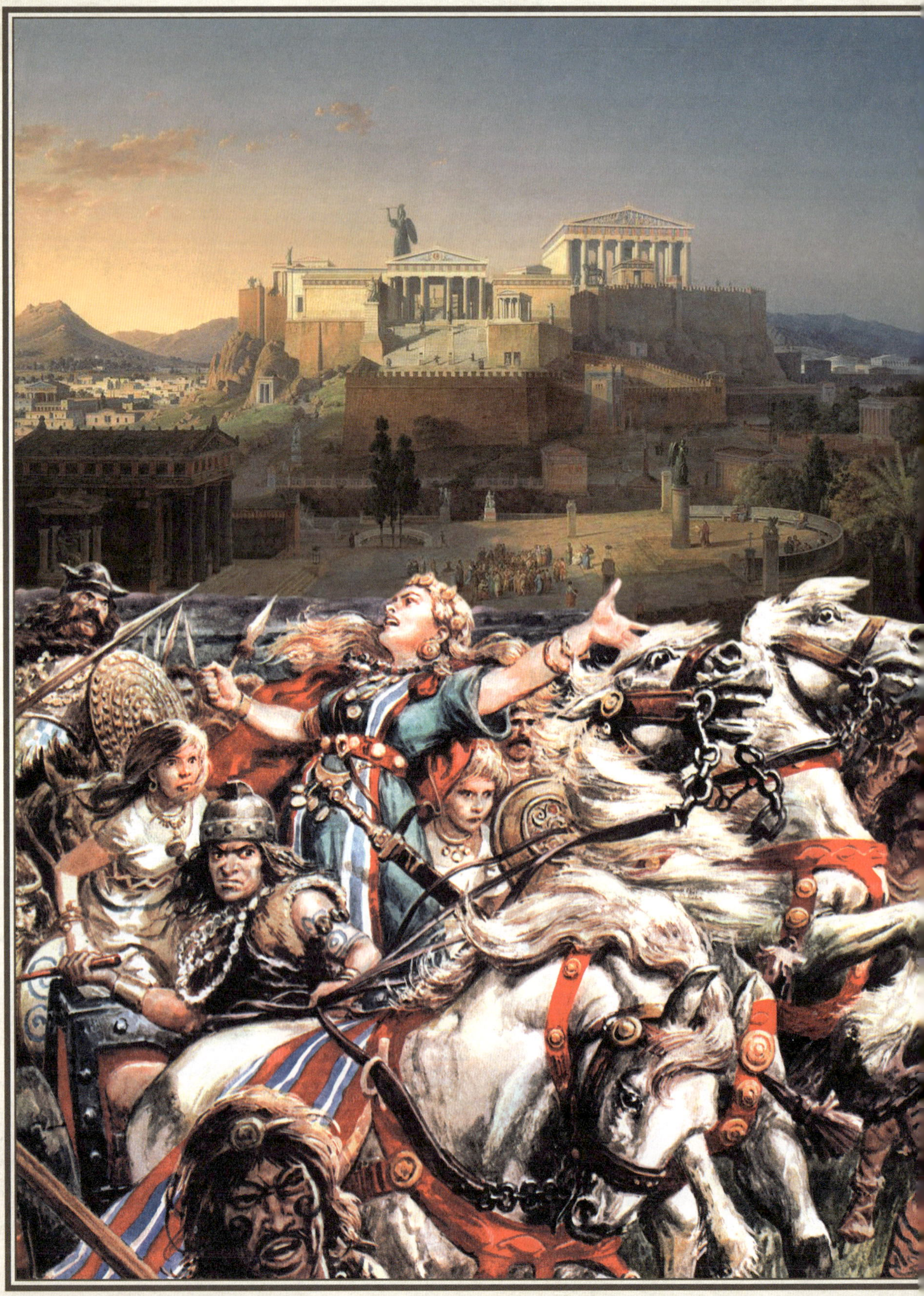

欧洲

EUROPE

希腊城邦　116

凯尔特人　127

古罗马　131

古代海上民族　148

迈锡尼人　153

皮克特人　154

马其顿王国　163

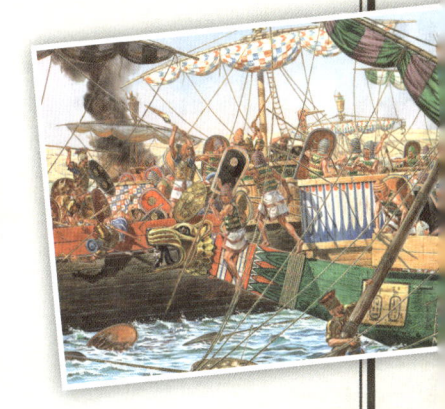

古代文明史　　　　　　　　　　　　　　　　　　　　ANCIENT CIVILISATIONS

欧洲

希腊城邦
THE GREEK CITY-STATES

从雅典到底比斯，介绍古希腊最伟大的城市，
并讲述它们是如何塑造西方世界的历史的

成就古希腊荣耀的基础是 polis，即古希腊城邦。然而，尽管城邦通常与希腊文明联系在一起，但它并不是希腊社会独有的。巴比伦、腓尼基和其他文化也孕育出了城邦的概念，但在古希腊，动荡、移民、地理和其他因素促进了城邦的诞生。

随着青铜时代的衰落，迈锡尼时代的希腊开始了漫长的衰败期，并最终走向崩溃。公元前 1600 年—前 1100 年，约 500 年的时间里，雅典和斯巴达都在迈锡尼力量的鼎盛时期繁荣起来。然而，迈锡尼文明的消亡之因却笼罩在迷雾之中。

证据表明，迈锡尼文明可能存在内部冲突，而另外一些线索则表明他们的文明被某些外部力量征服并摧毁，有可能是来自北方的多里安。关于这一时期的书面历史记录很少，可能也是在迈锡尼衰亡的过程中消失了。

> 古代世界
> 七大奇迹之一的
> 阿尔忒弥斯神庙
> 就建在
> 以弗所城邦

希腊迈锡尼文明的陨落加速了黑暗时代的到来——考古学家几乎没有发现这一存在了 300 年的黑暗时代的相关证据，也没有发现关于黑暗时代的书面记录。然而，在公元前 8 世纪的某个时候，大规模的南迁开始了。希腊人定居在农业社区，城市被重新占领和建造。伯罗奔尼撒和阿提卡经历了人口增长，贸易和商业逐渐发展起来。虽然迈锡尼语的书面形式已经消失，但希腊人将腓尼基字母改编为他们自己的语言，最终，书面记录开始出现。

公元前 800 年—前 480 年左右是希腊历史的古时期，城邦开始出现并繁荣起来。尽管早期的定居点已经开始出现文化和政治差异，但是历史学家普遍认为，该地区的地理因素是影响这些城邦经济和社会的重要原因。希腊境内地势崎岖，多山和深

谷，一些地区有沿海平原，这为希腊人进入爱琴海、爱奥尼亚海和地中海提供了便利，此外还有阿提卡半岛和伯罗奔尼撒周围无数的小岛。

早期的城邦是在土壤肥沃的地区发展成的农业定居点，农民在山谷和山坡上耕种，最初以维持生计为主，但后来他们用剩余的农作物交换制成品和其他商品。那些靠近海洋的定居点自然推动了海洋经济的发展，渔业和商船刺激了贸易，最终殖民开始了。

希腊拥有山脉、山谷、平原和海岸，多样的地形对人口的大量聚集来说是一个巨大的障碍。在不同的定居点之间通行是很困难的，所以独立城邦开始出现并进一步演变。虽然它们有共同的祖先和语言，但基本上彼此隔绝，经济的增长和繁荣催化加速了它们的独立成熟。它们部署军队，有时还建造防御工事和城墙来抵御外来者。

城市建设

这些定居点被称为城邦，每个城邦都有自己的法律、社会、经济、政治和文化动力。随着人口的增长，定居点开始有了自己防御牢固的城堡，它们通常位于被称为卫城的高地上，其中包括一座或多座用以祭祀保护神和其他神的寺庙。卫城基本都建设在城市中心或者附近凸起的山丘或类似山丘的地形上，这样它仍然可以在辐射区域的发展中占据支配性地位。

8世纪晚期，公共集会空间和市集成为日常生活的重要部分，并逐渐演变成为民间话语传播和商业发展的主要地点。渐渐地，随着城市成为政府所在地，城市人口开始增长，在对周边地区管理的不断加强中，城市的影响力也日益增加。那些城市中心之外的地区被称为城镇。城邦发展了不同的政府制

◁ 这幅浪漫主义风格的雅典卫城油画是艺术家利奥·冯·克伦泽创作的，向人们展示了希腊建筑鼎盛时期的宏伟

▽ 这幅斯巴达的图画描绘了希腊的地形：肥沃的平原、山谷和崎岖的山脉，这些都促成了城邦的崛起

欧洲

度，制定了自己的法律。到公元前6世纪晚期，它们已经发行了自己的货币并开始收税。

在城邦扩张的鼎盛时期，横跨地中海和小亚细亚海岸的希腊共成立了1000多个城邦。到公元前7世纪中叶，人口增长和经济繁荣等因素在这一地区激起了一股巨大的殖民浪潮，这种希腊文化的巨大扩张持续了250多年。

主要的城邦有雅典、斯巴达、罗德岛、锡拉库扎、科林斯、底比斯、阿尔戈斯、伊利斯和厄立特里亚。据说斯巴达面积约为8500平方千米，是国土面积最大的城邦。

相比之下，雅典是人口最多的城市，到公元前5世纪末期，约有20万居民。据说，其他著名的城市国家，如阿尔戈斯和科林斯的人口鼎盛期分别达到了1.5万和1万。斯巴达的人口估计更少。

希腊的文化输出促成了殖民地的建立，这些殖民地有自己的发展路径，它们保持了与母城的贸易和宗教的相似之处，但形成了自己的政治认同并行使自治权。

权力和政治

早期的希腊城邦由君主统治，他们代表了一小部分积累了大量财富的贵族地主。大多数城邦都很小，其中一些仅仅是村庄，因此，用"国王"或"王后"来描述这些早期统治者似乎不准确。贵族通常反对任何君主的永久统治，同时也坚定地捍卫他们所在城市的政治独立。

然而，到6世纪中叶，社会阶级的频繁更迭威胁到了贵族的权力。特别是在较大的城邦，商人阶级的出现扩大了社会差距，并引发了更激烈的话语权和阶级斗争。在许多情况下，贵族越来越不受欢迎，统治者被称为"暴君"的铁腕人物所取代，这些人往往在人民的支持下从社会边缘上升到权力中心。

"暴君"一词本身并不像今天这样带有负面色彩，尽管最初他们确实是专制的，但并不代表他们管理着城邦时残忍且自私。他们中的许多人统治时间很短，历史记载他们通常被废黜、流放、暗杀，甚至被石头砸死，但也有例外。

库普赛鲁斯领导科林斯达30年之久，并鼓励该城殖民希腊西北部。现代历史学家认为他是一个煽动政治家，但他相当受欢迎，以至于他不需要保镖就可以在人群中自由活动。他的儿子佩里安德继任后统治科林斯达40年之久。人们对佩里安德的评价各不相同。当时的一些描述把他塑造成一个残忍的独裁者，但也有记录称他是公正的。历史学家却认为他是希腊七贤，是生活在公元前6世纪的杰出人物，以其智慧闻名于世。无论如何，在他死后，大约公元前587年，科林斯的暴政也消失了。

在200年的时间里，"暴君"一词确实演变成了现在的意思。不过，值得注意的是，暴君充当了一座桥梁，让当时的政体从专制的贵族统治走向最终在城邦中出现的更民主的政府形式。

斯巴达人

斯巴达是暴君统治下的一个明显例外。古希腊的历史学家认为，太阳神阿波罗在特尔斐留下神谕，指导政治家和军事指挥官来库古以三种美德为支柱塑造了斯巴达社会：斯巴达公民的平等、对军事力量重视和节俭。来库古被视为传说中斯巴达的立法者，这部宪法有时被称为《大公约》。《大公约》从公元前650年左右开始实施，它保留了贵族的权力，维持斯巴达的统治，并开创了新的社会结构，建立了军事城邦，赢得了不朽的名声。斯巴达社会非常重视对城邦的忠诚和对军队的服务，而来库古则被视为其发展的主要奠基者。

城邦的社会阶层包括：斯巴达人，他们也被称为正式公民，是完全自由的；黑劳士，即农奴或奴工；自由民，意为"周围的居民"，他们是工匠和商人，处于社会等级的中间，他们既不是正式公民，也不是纯粹的奴隶。

在斯巴达，服兵役是强制性的，所有男性公民都被要求参军，而且基本上终身服役。小男孩们在7岁的时候被赶出家门，进入一种国家运营的体育训练和军事教育体系，开始学习。30岁以下的男子即使已婚，也必须住在远离妻子的公共军营里，并在公共餐桌上吃饭。

> 在神话中，提洛斯是希腊众神阿波罗和阿耳忒弥斯的诞生地，在城邦中有着神圣的地位

锡拉丘兹是伟大的数学家、物理学家、发明家和天文学家阿基米德的故乡，阿基米德出生于公元前 287 年

◁ 科林斯的阿波罗神庙遗址无声地见证了这个城邦昔日的宏伟

▽ 希腊城邦哈利卡那索斯的女王阿尔特米西亚一世卡里亚举起弓箭

古代文明史　　　　　　　　　　　　　　　　　　　　　　ANCIENT CIVILISATIONS

也许是因为男性献身于军队的缘故，斯巴达的女性通常受过良好的教育，而且比其他希腊城邦的女性享有更大的自由。她们参加体育比赛，接受正规教育，并被允许拥有财产。

雅典的繁荣

早在公元前9世纪，雅典国王，也称巴塞勒斯，以一群有影响力的贵族统治宫廷。然而，到公元前683年，得益于国王周围的贵族，雅典结束了王政时代。雅典贵族积累了大量财富，他们的农产品出口到周边地区，政治影响力也越来越大。

随着财富的增长，雅典的贵族们开始聚集在一起讨论时政，并以他们聚集之处命名为"战神山议事会"。战神山议事会认为，他们不应该把大部分权力交给君主，而应交给由他们选举出来的九名贵族组成的政府。到了8世纪，雅典最高法院商议后形成寡头政治。这些被选中的执政官有权做出影响每个雅典人生活的决定。然而，他们的权力受到一项要求的制约，即所有的决定必须提交给最高法院并得到批准。寡头政治和雅典最高法院是雅典民主政治早期萌芽的依据，但城邦中仍然存在着明显的阶级差别，财富的分配也相当有限，经济问题开始浮出水面，因为自给自足的农民过度种植，导致土壤肥力下降从而农作物产量降低，无法维持生计。为了生存，他们把自己和家人卖作奴隶。当雅典的普通农户受苦受难时，贵族阶级却在继续享受奢华。

公元前7世纪中期，当经济上的不平等爆发为内乱时，寡头政治失去了人民的青睐。取而代之的是一连串所谓的暴君，他们在普通

奥林匹克运动会

公元前776年，第一届奥运会在奥林匹亚圣所的聚集场所、庙宇和建筑物中举行。奥运会由埃利斯城邦的领导人组织，最初是一种宗教和体育庆祝活动，每四年举行一次。奥运会期间须和平或休战，敌对城邦或交战城邦之间的所有争端和武装冲突都将暂停。运动会项目包括体育比赛和格斗表演，如摔跤、战车赛、长跑、掷铁饼和标枪等。

尽管奥运会的实际起源仍有些神秘，但人们相信，这些活动促进了城邦之间的善意和合作。祭祀诸神，尤其是祭祀宙斯的祭品很常见。据说在奥林匹亚的大神庙里供奉着一尊巨大的宙斯神像，这是古代世界七大奇迹之一，公元前435年左右由雕刻家菲狄亚斯用象牙和黄金打造而成。

宙斯神庙、赫拉神庙、一个叫作伯罗庇翁的像坟墓一样的建筑，以及供人们祭祀的祭坛，都坐落在奥林匹亚的忒墨诺斯，即神圣的圈地内。

△ 在古代奥林匹亚遗址进行的大范围的考古调查，发现了与奥运会有关的令人惊叹的文物

橄榄树

橄榄树在古希腊城邦的经济发展中起到了巨大的推动作用，人们认为橄榄树是众神——特别是智慧女神雅典娜——赐予的礼物，雅典城的名字也来源于她。橄榄树在很多方面为希腊人的繁荣做出了贡献。它的木材被用于建造房屋和船只；果实是希腊人的主食；油被用作灯的燃料，具有药用价值；叶子被用来做成获胜运动员戴的桂冠。最重要的是，它的多产使其出口成为可能，从而为各城邦创造了巨大的财富。

据说橄榄树在古希腊文化中的重要地位的起源是宙斯提议雅典娜和海神波塞冬在一场竞赛中向人们赠送礼物。波塞冬用三叉戟撞击附近的岩石，喷出了一泓盐泉；雅典娜带来了橄榄树，树枝在微风中摇摆，树上结满了成熟的果实。早期的雅典人可以从这些礼物中选择一种，他们最终选择了橄榄树。今天，人们将一棵橄榄树栽种在雅典卫城以纪念这个神话。

▽ 这是19世纪艺术家对雅典卫城神圣橄榄树的诠释

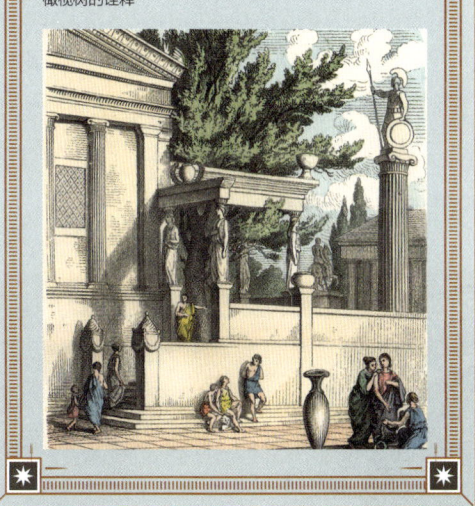

的等级，并建立了一个叫作"四百人会议"的代表机构，每个部落有100名成员，最贫穷的社会阶层由一个名为公民大会的组织来代表。

公元前560年，军事巨头庇西特拉图控制了雅典，统治持续了半个世纪。尽管庇西特拉图通过忠诚的军队保持了对权力的牢牢控制，但他还是制定了一些措施，使雅典自给自足的农民受益，并改善和不断发展的城邦的基础设施，同时大幅削弱贵族阶级的权力。

从公元前508年—前502年，克利斯提尼的短暂统治只持续了6年，所有生活在雅典和周围阿提卡半岛的自由人都被授予公民身份，这意味着他们被允许参与雅典的政治进程，民主的种子已开始在雅典的土地上生根。

城邦增殖

在雅典和斯巴达之外并非没有其他具有影响力的城邦——科林斯被认为是靡费生活的中心，同时也是贸易和商业中心。

科林斯位于通往爱琴海和爱奥尼亚海的地峡上，控制着通往伯罗奔尼撒的通道。科林斯是一个卓越的海上强国，一直抵制雅典的影响，并在希腊文化的发展中发挥了关键作用。

在城邦时代，底比斯是一支强大的经济和军事力量，也是雅典的主要对手。公元前480年波斯入侵希腊时，底比斯军队实际上站在薛西斯一边。罗德岛是一个沿海城邦，实际上包围了地中海东部的整个岛屿。它横跨繁忙的贸易路线，使商人们积累了大量财富。

希腊文化和定居点的扩张，孕育了小亚

民众的支持下控制雅典政府。这些暴君中最突出的是在公元前594年掌权的梭伦。梭伦建立了一个松散的、以宪法为基础的贵族政府。他实施了全面改革，至今仍被人们铭记。梭伦根据财富水平将雅典社会分成四个不同

古代文明史　　　　　　　　　　　　　　　　　　　　　　　　　　ANCIENT CIVILISATIONS

△　战神山是雅典贵族举行会议的地方，最终会议以山脉的名字命名

细亚海沿岸和西西里岛、亚平宁半岛和北非海岸众多城邦的出现。公元前8世纪末，来自科林斯地区的定居者建立锡拉丘兹——这里成为西西里岛最大的城市，并对迦太基王国发动战争以控制该区域。锡拉丘兹也在亚得里亚海沿岸建立了殖民地。公元前600年左右，来自福卡亚（现土耳其沿海的城邦）的冒险家向西航行，建立了马萨利亚殖民地，该地后来发展成为繁华的地中海西部海港，即现在的法国马赛。

合作与竞争

早期希腊城邦之间的敌对源于对周边土地的控制。贵族统治阶级经常持不同意见，有时这些冲突会爆发为公开的战争。事实上，在它们动荡的历史上，任何特定时期，都有两个或两个以上的城邦之间处于战争状态。

不可避免，随着城邦领土的扩张，关于土地和边界定义的争议也随之出现了。此外，靠近大海及对木材、白银和其他商品等宝贵资源的开发加剧了它们的争夺。

尽管大多数城邦联合起来击败了公元前480年的波斯入侵，但这种联合抗敌只是拖延了几十年后伯罗奔尼撒灾难性战争的到来。波斯人战败后，雅典以其无可匹敌的海军优势统治了其他城邦。雅典组建德利安联盟，并最终将同盟变成了一个类似于保护国家或帝国的组织，而非平等城邦的合作联盟。科林斯一直是雅典强大的对手，到公元前431年，

> 阿尔戈斯是希腊最早的城邦之一，建立于迈锡尼时代

希腊城邦
希腊古典时期最强大和最有影响力的领土

特尔斐
特尔斐有全希腊最重要的庙宇。据说这里是神谕者皮提亚的故乡，希腊人四处寻找她的智慧存在的痕迹。

科林斯
科林斯因其高质量的陶器而闻名，是古希腊主要的贸易和教育中心。这个城邦有自己的货币，拥有古典希腊著名的建筑类型。

奥林匹亚
第一届奥运会的举办地是古希腊的一个圣地。奥林匹亚也举行女子的赫拉亚运动会，还有许多供奉众神的庙宇。

底比斯
雅典和斯巴达崛起之前最强大的城邦。与斯巴达结盟对抗雅典之后，底比斯的权力得到了加强。在希腊神话中，它是赫拉克勒斯的出生地。

斯巴达
这个好战的城邦拥有一支强大的军队，帮助保护希腊免受波斯人的攻击。每个男性公民都是战士，他们从9岁起就被训练并组建成一支专业的、令人恐惧的军队。

雅典
当时世界上最强大、最富有的城邦之一，拥有强大的海军，是第一个民主国家。它与斯巴达长期竞争，最终引发了战争。

斯巴达的领导人终于意识到雅典统治所带来的威胁。

在雅典和德利安同盟以及斯巴达领导的伯罗奔尼撒同盟之间爆发的毁灭性的伯罗奔尼撒战争中，雅典被征服了，但斯巴达没能有效将其控制。后来，底比斯打败斯巴达，在很短的一段时间内统治希腊。内乱和武装冲突削弱了城邦，加速了腓力二世率领的马其顿军队的征服，公元前338年腓力二世在查罗尼亚击败了希腊的联盟。

希腊城邦的发展促进了希腊文化的扩张，影响了世界许多地区。虽然共同遗产使各城邦人民集体意识到他们都是"希腊人"，但各个城邦仍然保持着相对独立性，并且在社会的重要方面非常多样化。

▽ 布迪卡领导军队对抗罗马入侵者

欧洲

凯尔特人
THE CELTS

欧洲
公元前 1200 年—公元 500 年

他们是谁？

凯尔特人是一个定义并不明确的部落群体，他们共同形成了古代欧洲最大的人群之一。他们主要生活在陆地上的小社区，其中一些小社区随着时间的推移逐渐合并成为更大的定居点，并被类似的宗教、语言和文化非正式地联系在一起。

布迪卡的崛起

最著名的凯尔特人之一是爱西尼部落的女王布迪卡。在她的王国被吞并、女儿被强奸后，她召集许多部落反抗罗马的统治。她摧毁了许多大型定居点，如伦敦和科尔切斯特，但最终还是在公元 61 年的沃特林街战役中败北。

延伸至欧洲的尽头

他们很分散，部落定居点从不列颠群岛跨越到中欧和乌克兰边境。一些部落甚至到达更远的地方，定居在巴尔干半岛，并向西亚延伸。

古老的起源

尽管我们所说的凯尔特文明大约存在于公元前 750 年，但凯尔特人存在的最早考古证据可以追溯到大约公元前 1200 年。在公元前 500 年左右，他们开始迁移到不列颠。尽管他们从未真正"消亡"，但很多人后来不是迁移就是融入了罗马人之中。

不仅仅是野蛮人

尽管神话把他们描绘成野蛮人，但他们拥有惊人的知识储备。例如，他们的历法比罗马人的更精确，这证明他们有数学和科学思考的能力。

天生战士

凯尔特人是凶猛的战士，他们从小接受战斗训练，他们的武器主要是铁质的，以能收集到最多敌人的头颅为荣，因为他们相信这些头颅里有敌人的灵魂。

△ 已消失的部落贵族的石碑

△ 在科利尼发现的重新组装的日历板

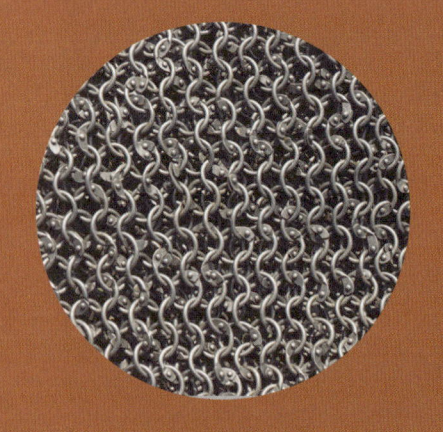

△ 凯尔特人制造工艺复杂的锁子甲

德鲁伊教众

凯尔特人拥有强大的宗教文化。被称为德鲁伊的圣人们有着强大的影响力，他们花费 20 年的时间来提升自己的职业技能，获得关于凯尔特习俗、天文学和哲学的知识，并经常担任他们的统治者和普通民众的顾问。

筑路者

虽然罗马人通常被认为是路线规划大师，但凯尔特人实际上在他们之前就建造了道路系统。凯尔特人的道路是用木头建造的，为了贸易连接着不同的定居点。

△ 德鲁伊是凯尔特人的宗教领袖

重要人物

布迪卡
约公元 60 年
爱西尼部落的战神王后，公元 61 年领导了反抗罗马人的起义

维钦托利
公元前 82 年—前 46 年
高卢阿维尔尼部落的首领，在高卢战争中联合高卢人对抗罗马人

卡拉塔库斯
公元 10 年—50 年
卡图维劳尼部落的首领，在被罗马人捕获并最终被赦免之前流亡多年

卡西维劳努斯
约公元前 54 年
公元前 54 年，他率领军队在不列颠抵抗尤利乌斯·恺撒的第二次远征和军事行动

科密乌斯
约公元前 50 年
他在不同时期是多个部落的国王，在后来反叛之前曾与罗马领袖尤利乌斯·恺撒结盟

主要事件

在不列颠定居
公元前 500 年
大约在这个时候，第一批凯尔特部落从中欧逐渐移民到不列颠定居

洗劫罗马
公元前 387 年
高卢凯尔特人在阿利亚战役中击败罗马人后洗劫了这座城市

在不列颠的罗马人
公元 43 年
越过英吉利海峡后，罗马人最终取代凯尔特人，成为不列颠的统治力量

布迪卡的崛起
公元 61 年
在她的领导下，7 万~8 万凯尔特人反抗罗马统治，但都失败了

罗马帝国的衰落
公元 476 年
随着罗马帝国的衰落，这两个文明的大部分残余融合在一起

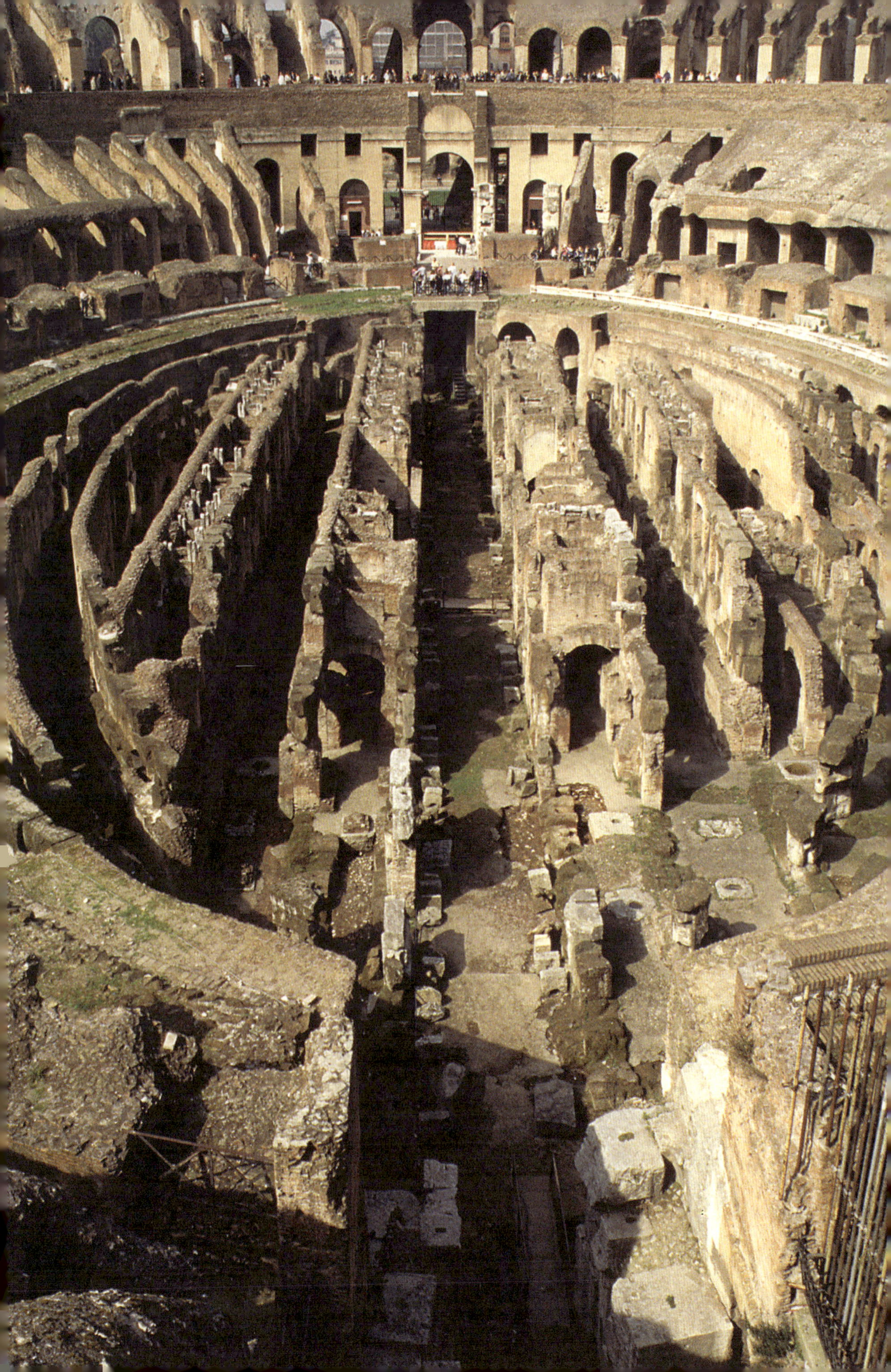

古罗马
ANCIENT ROME

从一个充当交战地的卑微小国到成为历史上最强大的超级大国之一，
罗马是一个拥有多年传承的古老国家

今天，罗马是一个美丽的旅游胜地，比起野蛮的游牧民族，它更适合接待带着相机的游客，但在古代世界，它是文明的中心。它历经王国、共和国和帝国的政体形式，是当之无愧的冠上明珠。强大的罗马永远地改变了历史的面貌，以罗马及其不断变化的政府的名义，重新定义了战争的规则和策略，革新了现代基础设施，首开中世纪的大门。

和任何超级大国一样，它在世界各地开疆拓土：从不列颠冰冷的海岸到巴勒斯坦和埃及温暖的沙滩，罗马创造了一个举世瞩目的帝国，但在关键时刻总会招致攻击。古代世界里并不安稳——充斥着瘟疫、风暴和来自各个荒野部落间的争斗，但对于罗马来说，古代世界是其点彩自身独特文明的画布。

最初，由意大利氏族组成的古罗马实力孱弱，但罗马人在新国王的领导下走向联合，并雄心勃勃地想要建立一个更大的国家。在这个过程中，一些具有标志性的罗马概念被锻造出来，其中最重要的就是元老院的诞生。在接下来的很长时间内，渴求民主的人民与昙花一现的独裁统治者们一直处在明争暗斗之中。

作为一个王国，罗马开始把自己塑造成值得骄傲的首都：从市政建筑到横跨全境的道路，希腊风格和伊特鲁里亚风格的柱子和宏伟设计随处可见。国王们的种种荒唐之举很快使罗马更换了一种新的政体，即为新时代而建立的罗马共和国。共和国以应对冲突和入侵的名义，建立了一支有组织、有纪律、战无不胜的军队—罗马军团，并以此为基础架起民主的光辉灯塔。因而罗马军团成为共和国征服已知世界的一记重锤，但他们在随后的危机中将

> 严格来讲，罗马帝国只是指古罗马历史上一个相对较短的时期——在此之前，它以王国和共和国的形式存在

这个国家带向毁灭的边缘。

民主让罗马成了一个伟大的国家，但也让它在面对尤利乌斯·恺撒的阴谋时变得束手无策。随后，这个国家转变政治形态，成为一个再次专注于征服世界的国家。在这个国家之中，皇帝权力至高无上，统治者也希望利用权力来塑造自己的伟大形象。罗马帝国日渐崛起，空前强大，尽管它在工程领域创新和进步显著（大多在未来的"黑暗时代"消失殆尽），但罗马帝国却试图将瞬息万变的世界统一在同一体制下。因此它注定被另一个伟大的帝国所取代……

古罗马的元素

从宗教、艺术到奴隶制和基础设施的使用，古罗马是一个以其特有方式运作的社会

古罗马在许多方面都领先于时代，尽管它沿用了许多古老的风尚，这些意大利的伟人们依旧致力于上下求索。开疆拓土对于元老院和不断更迭的罗马领导者来说至关重要。士兵是征服之根本，开拓新领地并同化其人民是驱动这台机器的燃料。这一循环过程令罗马军团迅速膨胀，古罗马开始以风驰电掣般的速度扩张领地。

伴随疆土的扩张，工程师们革旧图新，对这一时代的设施进行改造。巨大的输水管道给人们带来了自来水，新铺好的道路（弧形道路可以排走雨水）四通八达，贯穿整个国度，就像一个混凝土铸成的神经系统。这些道路助长了奴隶贸易，使罗马经济蓬勃发展——这与未来几个世纪其他帝国发展的道路如出一辙。

奴隶贸易逐渐渗透了罗马社会的享乐阶层，激起了国民对血腥运动的狂热。人们热爱享受从戏剧到文学作品等一切艺术形式。这是一个表达的时代，现实世界与信奉神明和祈祷仪式的部落主义完美融合。

宗教

罗马人认为宗教是有实际用处的。宗教几乎影响了他们生活的方方面面，不是因为他们特别虔诚，而是因为迷信和仪式是生活的一部分。罗马人认为，他们做的每一件事都需要神的祝福和庇佑，因此执行祭祀或祷告仪式者的角色也反映在社会的父权结构中。主持每日的祭祀仪式是一家之主的职责，他们向众神之王朱庇特或农神萨图努斯献祭。同样的做法也适用于军队，军人们会在战前向战神玛尔斯祈祷。

罗马宗教的许多元素都来自外部，来自希腊习俗和伊特鲁里亚神话的概念与罗马仪式交织在一起。祈祷和祭祀更多的是出于生活要求，而不是宗教因素。对政府来说，宗教也十分具有代表性——官方为了抵御不祥的预兆并为新皇帝带来好运而设立了最高祭司团。

"士兵是征服的真正关键，征服新的领土并同化其人民是推动这台机器前进的燃料"

◁ 在罗马帝国时代，元老院几乎没有实权，皇帝独揽政治大权

政府

古罗马让人联想到这样一种情景：身穿白袍的人在罗马广场上争论时政，皇帝一面指挥军队一面阻止潜藏的暗杀。事实上，罗马人生活在许多不同形式的政府组织之下，但元老院却始终岿然不动。元老院成立于公元前753年，伴随着罗马王国建立之初，它是父权社会的产物。甄选名门望族中年高德劭、足智多谋之人负责监督法律的制定，并代表人民进行审判和辩论。

在共和国的体制下，罗马人对真正民主统治的构想蓬勃发展。元老院上升到最高权力等级，平民（普通公民）的地位获得提升。随着"三头同盟"（三人争夺政府权力）和最终帝国的崛起，罗马人又一次回归一人专权的时代。

基础设施

对于罗马人来说，维持基础设施结实牢固和开展军事行动是一样重要的。罗马是王国、共和国和帝国时期的皇冠之珠。为给其他地区做一个表率，罗马政府用精雕细琢的石块建造建筑物，这种艺术方式在罗马建筑中居于重要地位。

罗马人无法在污泥浊水中过上靡衣玉食的生活，作为一个有自尊心和进取心的国家，罗马人建造了巨大的引水渠，把地下的淡水资源一路引回罗马。这些地下陶质管道和地上通道（通常兼做桥梁）只利用重力便将这种赋予生命的资源引入首都。

除此之外，我们不得不提到那些令人叹为观止的道路网体系，它们取代了几个世纪前伊特鲁利亚人修建的土路和简易车道。罗马人用水泥和碎石将罗马置于一个巨大网络的中心，这个网络甚至延伸到了不列颠。

△ 罗马最伟大的成就之一就是它的公路网，其中一些至今仍在使用

娱乐

罗马人热衷于庆祝，经常建造竞技场和圆形剧场。罗马斗兽场（也称"弗拉维圆形剧场"）建于公元70年—80年之间，是罗马最宏伟壮观的娱乐中心。它可以容纳大约5万名观众，甚至还有一个硕大的帆布顶棚，可以在天气炎热时竖起来。

罗马竞技场使我们对角斗有了更深入的了解。这是全国人民的最爱，从名誉扫地的士兵到孔武有力的奴隶，他们以娱乐的名义互相残杀。这里经常重演一些伟大的战斗，专业的战士也参与进来，以确保在竞技场上演的历史得以铭记心腑。

战车比赛是另一项风靡一时的娱乐方式，但它往往会变成血腥的战车碰撞。暴力是罗马成为大国的手段，因此，当罗马人寻求娱乐时，似乎只有这种活动才能激起公民永不满足的杀戮欲望。

△ 罗马还有很多圆形剧场和竞技场，城市周边的数量会更多一些

军队

对罗马人来说，军队是其扩张和维护安全的重要组成部分。这股强大的力量统治了西方世界1000多年，成为组织和纪律的典范，至今仍是史上最骇人听闻的力量之一。罗马军队相信自己是战神玛尔斯的后代，他们把这种永生的信念带到战斗中，这让他们看起来令人生畏。

军队的持续维持渗入罗马社会的各个方面。它推动了人口增长，并积极鼓励妇女多生育，以增加生育男孩的机会。年轻人被期望加入军队服役，而有领导经验的长者则被期望加入军团，以罗马的名义履行他们的职责。

罗马人与蛮族的区别在于他们坚不可摧的纪律性。从行军队形到盾墙，士兵们需要日复一日地训练，罗马将军们要一而再再而三地检查战争的每一个要素——营地、武器和战术，这使得罗马的军队成为传奇。

奴隶制

奴隶可以在罗马和全国的市场上买到，这是贵族家庭地位和权力的象征。年轻的男孩或男人往往是最昂贵的，因为他们可以被派去做许多不同的工作。

奴隶大多来自被征服的土地，是战利品的一种。在共和国时期和帝国早期，军队几乎一直在扩张，罗马到处是流动的人口。

罗马任何一个特定时期的奴隶数量仍然是粗略不明的，但人们相信，在帝国的鼎盛时期，奴隶占人口的 25% 左右。我们很难断定一个富裕的家庭能有多少奴隶，据说这个数字可能会高至数百。

认为每个奴隶都过着穷困潦倒的生活是有关罗马奴隶贸易的许多不实表述之一。事实上，奴隶是一项昂贵的投资，他们往往需要富足的衣食和精心的照料。那些有特殊技能的奴隶，比如厨师，也很受重视，他们的生活往往都很舒适。

▽ 奴隶可以有家庭，但是女奴隶所生的孩子也会被奴役

艺术品

罗马人是一个非常善于表达的民族，我们可以从他们制作的马赛克、雕塑、陶器和建筑中看到这一点。从本质上讲，罗马艺术是其他文化和影响的大熔炉——希腊人对柱式建筑和白色石质雕像的热爱，成了艺术的主要影响因素。伊特鲁里亚人也是如此，他们早在罗马人之前就热爱壁画和青铜雕像。

共和国时期，艺术成为一种表达立场的方式。有关战争胜利的绘画和墙体雕刻是由国家委托的，立于城市四周，富人则依托胸像以求永垂不朽。但大多数人选择以衰老的面容示人，以展现他们愿意为支持共和国而献出生命。罗马艺术通常是地位的象征，特别是在帝国时代，"古典"风格（希腊风格）被重新接受，因为皇帝试图重新将罗马的过去与现在相连。

古代文明史　　　　　　　　　　　　　　　　　　　　ANCIENT CIVILISATIONS

罗马帝国
公元前 753 年—前 509 年

罗马建立 / 罗慕路斯称帝
公元前 753 年

在过去奋勇作战的诸多部落之中，那些最强大的部落在罗慕路斯将军的带领下联合起来。他自封为王，成为元老院的前身。他从最有权势和影响力的氏族（宗族）中选出最年长的成员，因为意大利根深蒂固的父权制结构非常重视年长男性成员的智慧。罗慕路斯总共挑选了大约 100 人并将其联合起来。元老院的首要职责是处理王国的日常事务，随后这片土地上最早的法律得以制定，第一支常备军得以组建。

△ 罗慕路斯和他的兄弟雷穆斯，就像他们在真实的历史中一样，传说和神话中到处是他们的形象

罗慕路斯去世
公元前 716 年，罗慕路斯在一场暴风雨中神秘消失了。传说他是被谋杀的，但这造成了王国实际统治者的空缺。
公元前 716 年

托里斯·奥斯蒂吕斯成为国王
经过短暂的统治间歇后，候选人托里斯·奥斯蒂吕斯被选为国王。与前任国王不同，他是一位对征服而非和平更感兴趣的君主。
公元前 673 年

753 BCE　　716 BCE　　715 BCE　　673 BCE

努马·庞皮利乌斯被选为国王
随着过渡期的结束，元老院宣誓任命萨宾贵族努马·庞皮利乌斯为国王。根据罗马历史学家普鲁塔克的说法，庞皮利乌斯出生于罗马建国之日。
公元前 715 年

努马·庞皮利乌斯去世
庞皮利乌斯在位期间，为罗马建立了许多宗教机构，包括许多庙宇。
公元前 673 年

过渡时期开始
公元前 716 年

罗慕路斯"逝世"后，在元老院的管理下，罗马进入了一个"过渡期"。在这段时间内，传统的政府形式不复存在，因为一个国王去世了，另一个国王还没有确定。罗马王国的民主原则是只有元老院或类似的机构才有权任命国王，所以在一年的时间里，十个人接二连三地尝试"统治"王国。元老院以此为据，挑选其中一位继任为王。

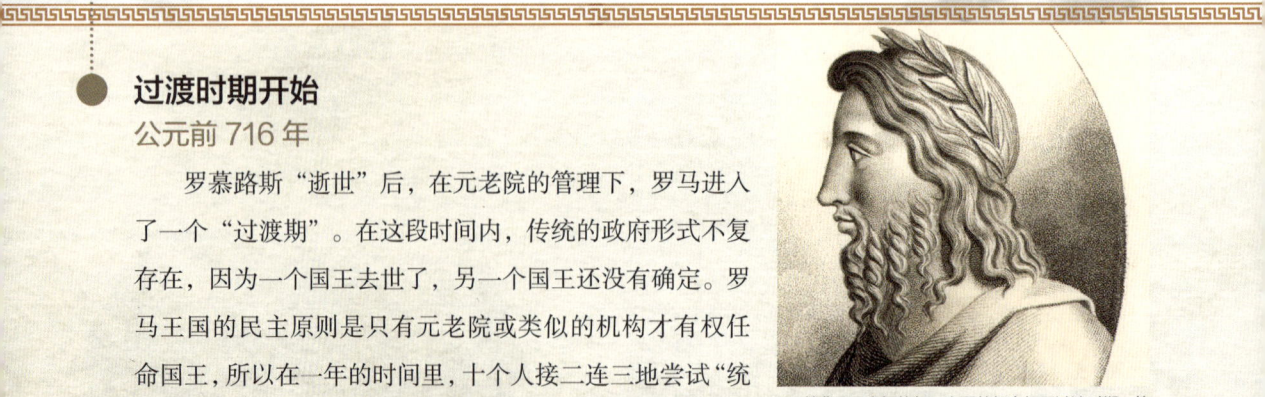

△ 并非国王之间的每一次更替都会经历过渡时期：第六任国王被谋杀后，他的继任者迫不及待地继承了王位

Europe 欧洲

拜占庭建立
公元前 667 年

大约在公元前 667 年，拜占庭开始崛起：这个国家未来将成为罗马的劲敌并最终征服罗马。根据传说，这座城市由拜占斯建立，他们从雅典附近一个叫迈加拉的城邦航行而来。作为黑海唯一的入口，拜占庭在稳定贸易的推动下发展为一个强大的国家。

> 罗马的建筑风格延续了 18 世纪的新古典主义风格，至今仍可见到

△ 拜占庭从小分支变成了罗马的首都

托里斯·奥斯蒂吕斯去世
在罗马疆域的空前扩张下，好战的托里斯·奥斯蒂吕斯与世长辞。他的统治能力与罗慕路斯不分伯仲。
公元前 642 年

667 BCE — 642 BCE — 617 BCE

安古斯·马奇路斯去世
罗马的第四任传奇国王安古斯·马奇路斯去世，他曾协助证实了庞皮利乌斯在罗马宗教基础设施的辉煌。
公元前 617 年

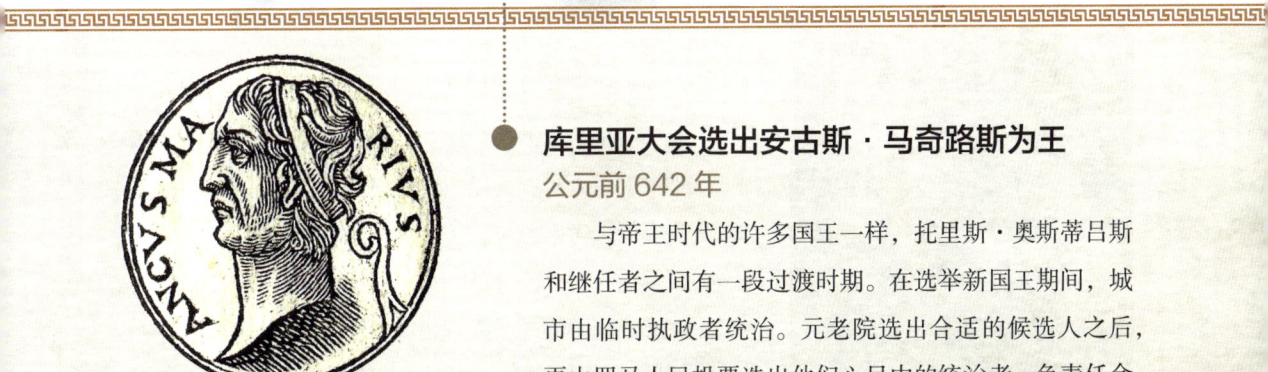

库里亚大会选出安古斯·马奇路斯为王
公元前 642 年

与帝王时代的许多国王一样，托里斯·奥斯蒂吕斯和继任者之间有一段过渡时期。在选举新国王期间，城市由临时执政者统治。元老院选出合适的候选人之后，再由罗马人民投票选出他们心目中的统治者。负责任命新领袖马奇路斯的立法组织被称为"库里亚大会"。

△ 库里亚大会是普通公民的集合，他们根据罗马法聚集在一起投票决定新国王

137

古代文明史　　　　　　　　　　　　　　　　　　　　ANCIENT CIVILISATIONS

古罗马广场建成
公元前 600 年

这可能是罗马历史上最重要的建筑。古罗马广场成为决定元老院和许多国家重要立法规定的所在地。正是在卢修斯·塔奎尼乌斯·普里斯库斯的统治下，完成了广场的建设。历代国王都曾在此朝圣，从排水工程到简单的庙宇都留下了他们的身影。普里斯库斯的贡献是建造了主要的短形建筑并铺好整个广场，使该广场成为罗马民主存在的象征。在历史进程中，人们将对它赋予更崇高的意义。

△ 古罗马广场至今仍屹立不倒，是罗马城最具标志性的建筑之一

古老的拉丁文碑文
最早的书面拉丁文可以追溯到公元前600年前后。罗马人可能就是从那时开始积极地记录他们的法律。
公元前 600 年

塞尔维乌斯·图利乌斯成为国王
塞尔维乌斯·图利乌斯当了一段时间的摄政王后，元老院认为他是合适的候选人，便推举他为第六位国王（伊特鲁里亚后裔中的第二任国王）。
公元前 575 年

|616 BCE|600 BCE|579 BCE|578 BCE|575 BCE|

卢修斯·塔奎尼乌斯·普里斯库斯被选举为王
野心勃勃的政治家卢修斯·塔奎尼乌斯·普里斯库斯是王政时代公民推举选出的第五任国王。
公元前 616 年

马克西姆下水道建成
在普里斯库斯的指导下，第一条真正的下水道在罗马中心的地下建成。人们之前也曾数次尝试过建造下水道，但这是第一个真正完成的版本。
公元前 578 年

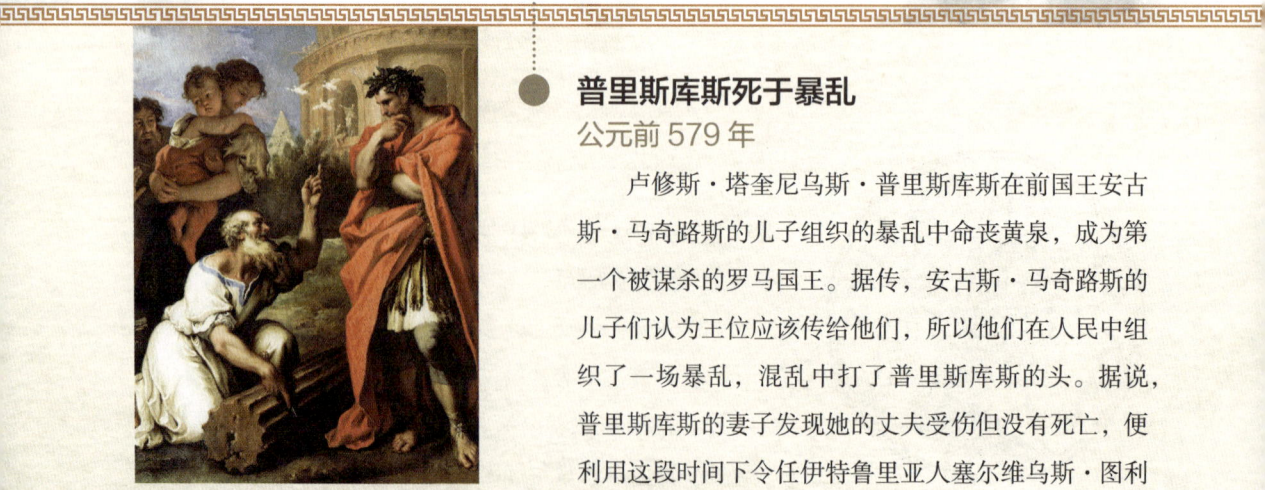

△ 普里斯库斯的谋杀案在几年后呈现出令人担忧的势头

普里斯库斯死于暴乱
公元前 579 年

卢修斯·塔奎尼乌斯·普里斯库斯在前国王安古斯·马奇路斯的儿子组织的暴乱中命丧黄泉，成为第一个被谋杀的罗马国王。据传，安古斯·马奇路斯的儿子们认为王位应该传给他们，所以他们在人民中组织了一场暴乱，混乱中打了普里斯库斯的头。据说，普里斯库斯的妻子发现她的丈夫受伤但没有死亡，便利用这段时间下令任伊特鲁里亚人塞尔维乌斯·图利乌斯为摄政王。

推翻罗马君主制
公元前 509 年

国王的儿子对卢克里莎的凌辱之举点燃了已经填满多年的政治火药桶。人民和元老院对国王卢修斯·塔奎尼乌斯·苏佩布斯的行为和他的暴虐统治感到越来越不安。他痴迷于建筑工程，几近耗尽了王室资金，还愚蠢地进行军事行动（更多地是为了提高自己的地位，而不是改善王国的考虑），这导致人民骚乱，最终他被流放，君主政体被人民废除。

△ 推翻君主制并建立共和制

△ 卢克里莎因被强奸而自杀身亡

图利乌斯建造城墙
图利乌斯开始在罗马周围建造围墙等防御工事，开了罗马领导人积极努力保护城市免受敌人攻击的先河。
公元前 550 年

550 BCE　　535 BCE　　509 BCE

卢修斯·塔奎尼乌斯·苏佩布斯的儿子强奸贵族妇女
苏佩布斯国王已经因其残暴统治而声名狼藉，而他的儿子塞克斯都斯玷污贵族妇女卢克里莎的消息一经传出，罗马就陷入了混乱之中。
公元前 509 年

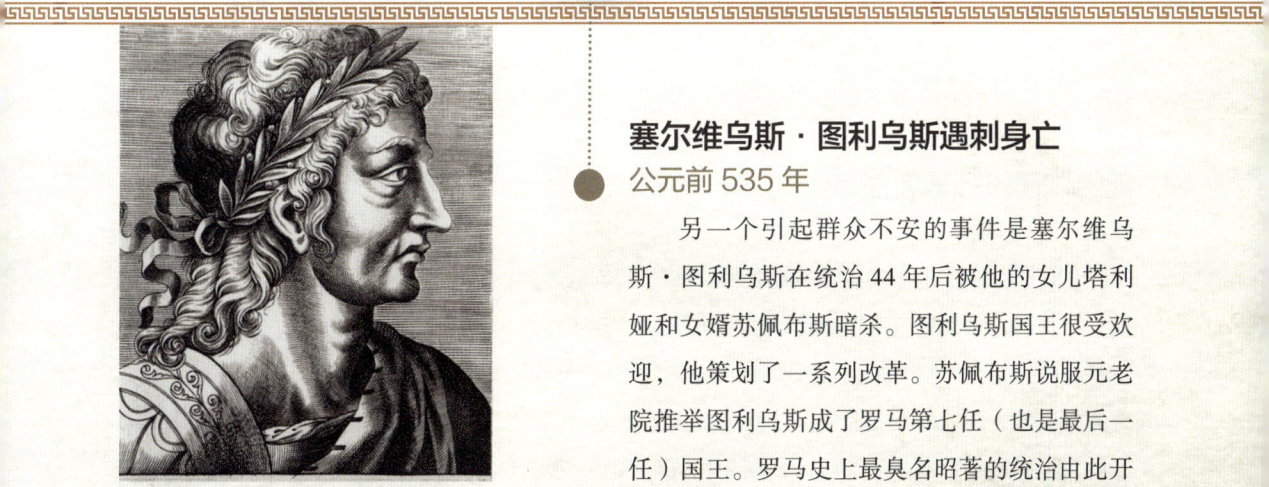

塞尔维乌斯·图利乌斯遇刺身亡
公元前 535 年

另一个引起群众不安的事件是塞尔维乌斯·图利乌斯在统治 44 年后被他的女儿塔利娅和女婿苏佩布斯暗杀。图利乌斯国王很受欢迎，他策划了一系列改革。苏佩布斯说服元老院推举图利乌斯成了罗马第七任（也是最后一任）国王。罗马史上最臭名昭著的统治由此开始了……。

△ 塞尔维乌斯·图利乌斯推动完善了国家的财政和军事基础设施

古代文明史　　　　　　　　　　　　　　　　　　ANCIENT CIVILISATIONS

罗马共和国
公元前509年—前27年

● **罗马共和国成立**
公元前509年

在君主政体被推翻、卢修斯·塔奎尼乌斯·苏佩布斯遭到流放后，元老院建立了一个新的共和国。在新的政体下，两位"执政官"作为最高掌权者共同治理国家，每人任期一年。共和制政体确立后，新的权力被授予元老院和平民议会，人民被赋予更多的权力和影响力，并且逐渐凌驾于统治国家的法律之上。罗马颁布法令，不再承认罗马国王，随后选举卢修斯·尤尼乌斯·布鲁图斯和卢修斯·塔奎尼乌斯·科拉提努斯为第一任联合执政官。

◁ 左边是卢修斯·尤尼乌斯·布鲁图斯，他的侍从（行政长官的保镖）簇拥着他

● **席尔瓦·阿西亚战役**
在共和军与拥护流亡废主者对阵的席尔瓦·阿西亚战役中，塔奎尼乌斯的军队被打败，但是卢修斯·尤尼乌斯·布鲁图斯在战斗中被杀了。
公元前509年

● **平民与贵族通婚合法化**
在另一项旨在培养高级贵族和普通平民之间平等意识的举措是两个阶层之间通婚的合法化。
公元前445年

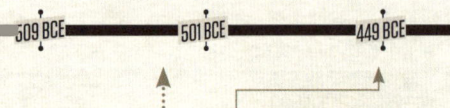

509 BCE　　501 BCE　　449 BCE　　　　　445 BCE　　　　443 BCE

● **平民议会获得新的权力**
随着民主意识的日益增长，平民议会（以前被称为市民大会）被授予帮助制定罗马法律的权力。
公元前449年

● **设立执政保民官**
设立了执政保民官办事处。它是由3个委员所组成的机构，他们将掌握执政官的权力以解决平民和贵族之间的权力纷争。
公元前443年

● **元老院通过独裁者法**
公元前501年

尽管这个国家过去的艰难时期是因为一个人掌握过多权力导致的，但元老院决定，在危机发生时，需要通过紧急状态法授予个人临时最高行政权力。这就是所谓的元老院终极决议。随着萨宾人入侵的威胁日益迫近，此时，元老院从提图斯·卢克莱修和普图姆斯·科弥尼乌斯·奥卢斯中推选前者就任独裁官。

△ 萨宾家族长期以来一直与这座城市抗衡

塞农人洗劫罗马
公元前 390 年

公元前 390 年，罗马遭受了国内最严重的灾难，塞农人进军罗马并洗劫了这座城市。塞农是一个入侵意大利北部的高卢部落，据说 7 月 18 日，罗马人向塞农人的军队进军。尽管罗马人在与蛮族的战斗中屡屡获胜，但他们几乎被塞农人彻底击溃了，这就为塞农人打开了通往罗马的道路。在这座基本上没有防御的城市，塞农人持续杀害许多老者，烧毁建筑物，并掠夺他们所能掠夺的一切。最终，一个叫卡米卢的罗马将军带领援军来到这里打败了塞农人。

△ 罗马人不得不在卡米卢和他的军队到达之前贿赂塞农人，让其离开

罗马士兵开始挣工资
罗马士兵终于得到了稳定的工资，在罗马历史上是第一次。这是由于军队长期侵略所获得的财富。
公元前 396 年

第一任平民裁判官
尽管经历了贵族和平民之间的政治斗争，第一个平民裁判官还是出现了。
公元前 337 年

396 BCE   390 BCE   337 BCE   293 BCE   225 BCE

罗马进行人口普查
公元前 293 年前后，检察官进行了一次官方性质的人口普查，结果显示，罗马的人口已经膨胀到大约 30 万人。
公元前 293 年

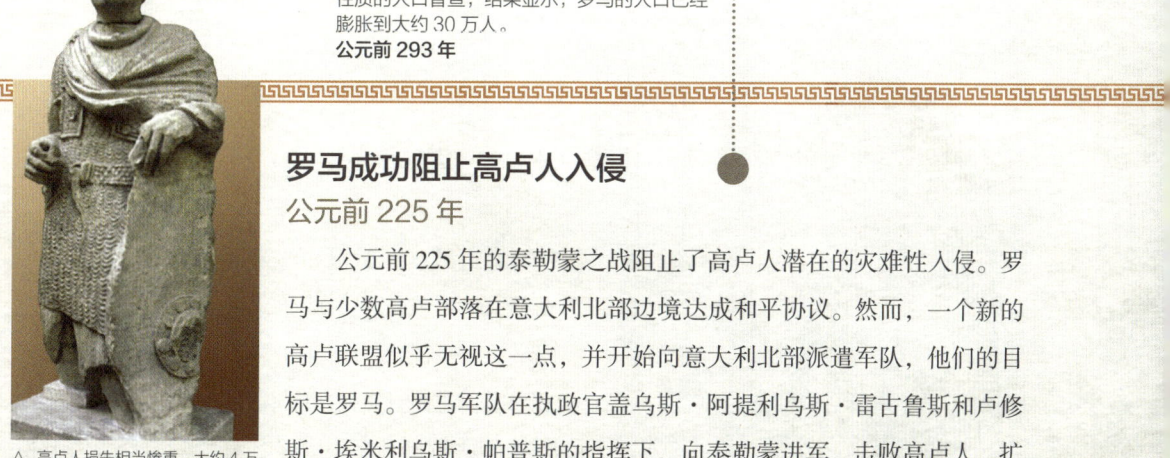

△ 高卢人损失相当惨重，大约 4 万人被杀，另外 1 万人被当作囚犯卖为奴隶

罗马成功阻止高卢人入侵
公元前 225 年

公元前 225 年的泰勒蒙之战阻止了高卢人潜在的灾难性入侵。罗马与少数高卢部落在意大利北部边境达成和平协议。然而，一个新的高卢联盟似乎无视这一点，并开始向意大利北部派遣军队，他们的目标是罗马。罗马军队在执政官盖乌斯·阿提利乌斯·雷古鲁斯和卢修斯·埃米利乌斯·帕普斯的指挥下，向泰勒蒙进军，击败高卢人，扩大了罗马的影响力。

阿劳西奥战役
公元前 105 年

阿劳西奥之战是罗马最惨痛的军事败绩之一,也是执政官之间关系的转折点。它还导致了许多重要改革的发生。当庞大的高卢部落辛布里人开始迁移时,战争开始了,这导致了部落发展程度的不平衡。随着辛布里人人数不断增加,执政官昆图斯·塞维利乌斯·凯皮奥和执政官尼亚斯·马利乌斯·马克西姆斯指挥的两支军队前来迎战。最终,两位领导者在战术上的分歧导致了超过 10 万罗马士兵死亡。

△ 阿劳西奥战役的失败给罗马敲响了警钟,并带来了重大的改革

马其顿省建立
经过与马其顿部落的长期战争,这片土地最终被并入共和国,成为罗马的一个省。
公元前 146 年

同盟者战争
当一系列其他罗马市民(统称为拉丁人)因其与罗马之间在土地所有权和财富上的不平等而反抗时,同盟者战争爆发了。
公元前 91 年—前 88 年

146 BCE — 121 BCE — 105 BCE — 91 BCE — 73 BCE — 59 BCE

第一元老院终极议决
公元前 121 年,元老院通过了第一次终极议决,授予执政官卢修斯·奥皮米乌斯紧急权力,以击败盖乌斯·格拉古的军队。
公元前 121 年

前三头同盟建立
前三头同盟,由罗马 3 位最有权势的政治家盖乌斯·尤利乌斯·恺撒、庞培和马库斯·李锡尼·克拉苏组成。
公元前 59 年

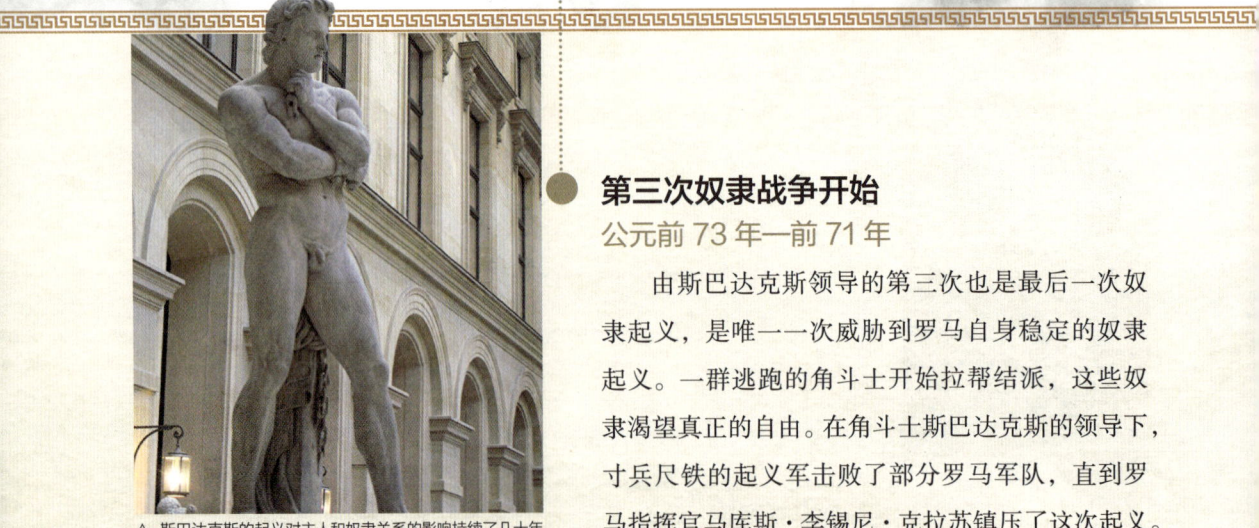

△ 斯巴达克斯的起义对主人和奴隶关系的影响持续了几十年

第三次奴隶战争开始
公元前 73 年—前 71 年

由斯巴达克斯领导的第三次也是最后一次奴隶起义,是唯一一次威胁到罗马自身稳定的奴隶起义。一群逃跑的角斗士开始拉帮结派,这些奴隶渴望真正的自由。在角斗士斯巴达克斯的领导下,寸兵尺铁的起义军击败了部分罗马军队,直到罗马指挥官马库斯·李锡尼·克拉苏镇压了这次起义。

恺撒被暗杀
公元前 44 年

在被暗杀之前，尤利乌斯·恺撒从执政官和前三头同盟的成员一跃成为这个国家最有权势的人。他并不是人们认为的皇帝，而是一个执政官，公元前 49 年和公元前 45 年他被元老院投票任命为执政官。随后，元老院通过投票任命他为终身独裁官，这使得许多没有投票支持他的元老院议员担心恺撒会自封为国王。3 月 15 日，一场阴谋悄然来临，恺撒遭到盟友的背叛，在庞培剧院被刺死。

△ 恺撒的死导致了内战和帝国的建立

埃及省的建立

公元前 30 年前后，埃及在北非的统治地位逐渐减弱，它被罗马吞并，最终成为罗马的一个省。
公元前 30 年

奥古斯都称帝
公元前 27 年

在他的舅祖父恺撒死后，盖维斯·屋大维与马克·安东尼和马尔库斯·埃米利乌斯·雷必达组成了后三头同盟，寻找刺杀恺撒的凶手，联盟引发了一场内战。雷必达最终被流放，马克·安东尼在亚克兴战役失败后自杀。元老院授予终极执政权给奥古斯都，他开始与元老院一起制定治国方针，这就是元首制和帝国的开端。

△ 元首制给人一种共和时代的假象，但实际上奥古斯都几乎掌握了所有的权力

古代文明史　　　　　　　　　　　　　　　　　　　　ANCIENT CIVILISATIONS

罗马帝国
公元前 27 年—公元 476 年

● **罗马征服不列颠**
公元 43 年

　　自公元前 55 年尤利乌斯·恺撒首次定居以来，在克劳狄大帝彻底征服不列颠之前，罗马人与不列颠各部落一直保持着相对稳定的贸易关系。然而，卡图维勒尼人取代了特里诺万特人成为不列颠东南部最强大的王国。卡图维勒尼人开始侵占效忠于罗马的阿特雷巴特人的土地，此举迫使罗马派遣军队平定不列颠。这场战役最终使罗马人穿过英格兰进入苏格兰。

元老院授予奥古斯都新头衔
屋大维成为罗马的终极统治者，元老院授予他"奥古斯都"、王者和第一公民的头衔，以示威严。
公元前 27 年

罗马大火
传说，烧毁罗马大部分基础设施的大火实际上是尼禄皇帝自己制造的。但尼禄将责任推给基督徒，导致了一场血腥的大清洗。
公元 64 年

27BCE ——— 43 CE ——— 60 CE ——— 64 CE ——— 80 CE

布迪卡于不列颠起义
罗马不列颠最大的起义之一是由爱西尼女王布迪卡领导的。她率领着一支 10 万人的军队，但最终被击败。
公元 60 年

罗马斗兽场完工
公元 80 年，有史以来最大的圆形竞技场终于在罗马中心建成。它可以容纳 5 万名观众，成为罗马人对血腥运动无尽激情的象征。
公元 80 年

◁ 不列颠为罗马帝国提供了大量的资源，但它也是一个难以掌控之地

144

Europe 欧洲

安东尼瘟疫袭来
公元 165 年

安东尼瘟疫（可能是天花或早期麻疹的一种）是罗马史上最严重的流行病之一，最终夺去了 500 多万罗马人的生命。人们认为瘟疫是从近东回来的军队带来的。这场瘟疫肆虐了大约 15 年，甚至夺去了皇帝卢修斯·维鲁斯的生命。

△ 瘟疫最严重时，一天可以杀死 2000 名罗马人

三世纪危机
三世纪危机是一个长达半个世纪的内战和动乱时期，在此期间共有 26 位不同的皇帝加冕，罗马分裂为 3 个不同的国家。
公元 235 年

瓦勒良皇帝被俘
这是一件震惊罗马帝国的事情：皇帝瓦勒良在与波斯帝国萨珊王朝的战斗中被俘并在囚禁中去世。
公元 260 年

122 CE — 165 CE — 235 CE — 238 CE — 260 CE — 293 CE

哈德良长城开始建造
为了阻止苏格兰和不列颠北部的蛮族入侵，哈德良皇帝下令建造一道长城。它被称为哈德良长城并保存至今。
公元 122 年

迦太基战役
忠于共治皇帝戈尔迪安一世和他的儿子戈尔迪安二世的部队被马克西米努斯·特拉克斯的部队摧毁。戈尔迪安一世被杀，戈尔迪安二世也很快自杀。
公元 238 年

戴克里先建立四帝共治制度
公元 293 年

经历了近 50 年的混乱、内战和国家分裂之后，政治家戴克里先被元老院承认为帝，并建立了一种新的统治形式——四帝共治。戴克里先与其他 3 位皇帝一起，将罗马帝国划分为 4 个独立的辖区，各自由一位皇帝管理，辖区之间相互合作。这个概念在一段时间内被证明是成功的，每个辖区都有自己的首都和常备军。然而，尽管这是一个联合性质的国家，戴克里先还是最高领袖。

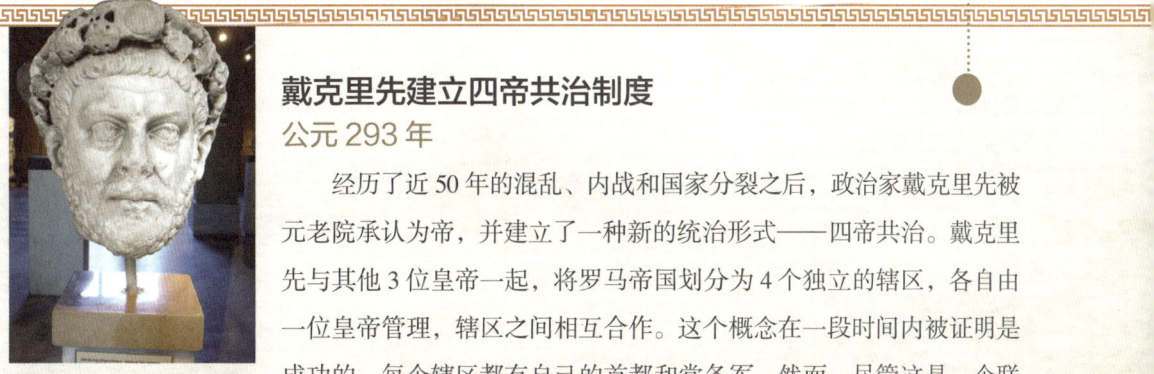

△ 四帝共治一直持续到公元 313 年前后，当时大多数领导人不是死亡就是被暗杀

君士坦丁成为第一位信奉基督教的皇帝
公元 306 年

基督教徒与罗马宗教的关系很不稳定。事实上，就在戴克里先时期，基督教社群被妖魔化，并遭到清洗。然而，当君士坦丁成为唯一的皇帝时，一切都改变了。他着手革新国家观念，甚至在公元325年主持第一次尼西亚会议，召集主教会议，建立了现代基督教的共识。

△ 君士坦丁的改革永久地改变了罗马，包括用新货币对抗通货膨胀，并将首都迁往拜占庭

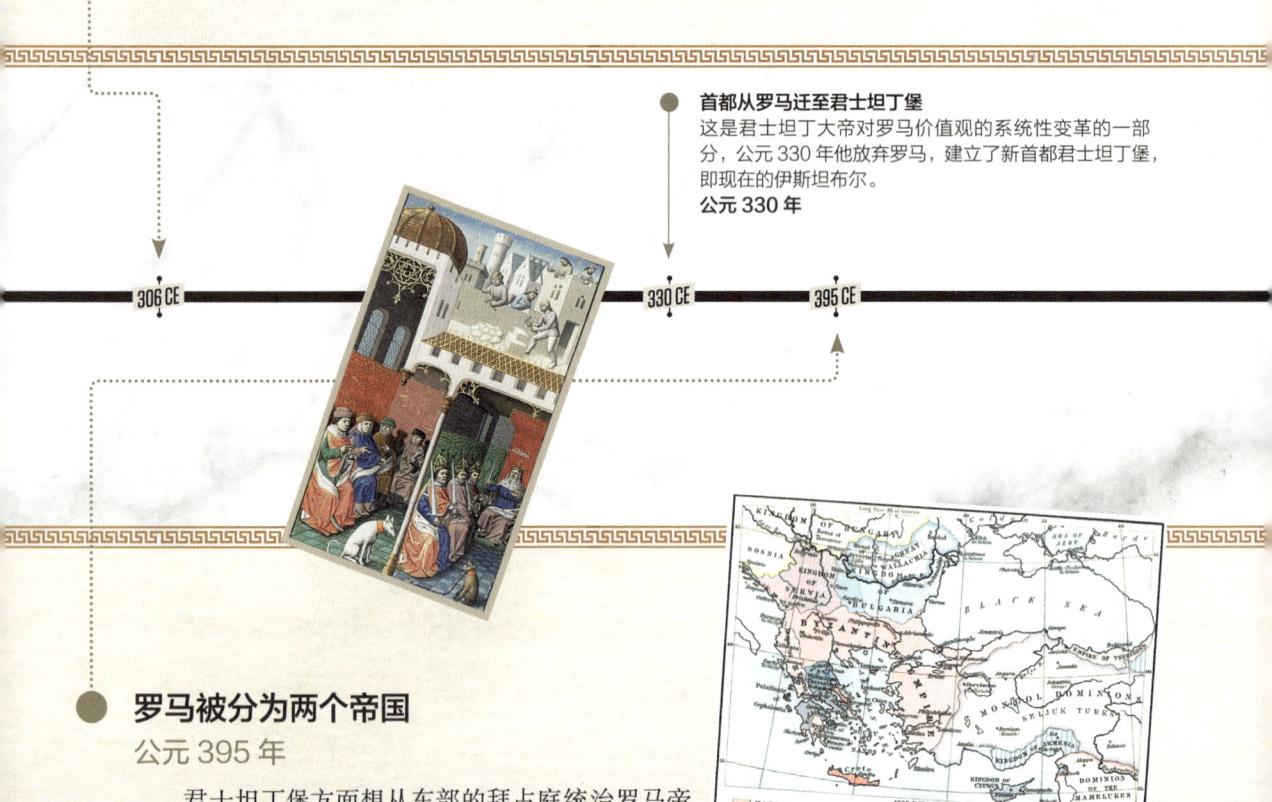

首都从罗马迁至君士坦丁堡
这是君士坦丁大帝对罗马价值观的系统性变革的一部分，公元 330 年他放弃罗马，建立了新首都君士坦丁堡，即现在的伊斯坦布尔。
公元 330 年

| 306 CE | 330 CE | 395 CE |

罗马被分为两个帝国
公元 395 年

君士坦丁堡方面想从东部的拜占庭统治罗马帝国，但这一愿望直接导致罗马帝国分裂。狄奥多西一世在临终前将帝国划分为西罗马帝国和东罗马帝国，并将统治权授予他的两个儿子。最终，阿卡狄乌斯成为东拜占庭帝国的奥古斯都，他的兄弟霍诺留成为西罗马帝国的奥古斯都。对罗马人来说，这个国家没有分裂，相反，东西两个独立的政府共同管理一个国家被视为常态。

△ 在一段时期内，西罗马帝国的统治落到了摄政王斯提里科的手中。由于他的无能，他于公元 408 年被逮捕并处决

Europe 欧洲

● **西罗马帝国沦陷**
公元 476 年

到了 5 世纪中叶，西罗马帝国已是今不如昔。皇帝不再拥有往日的权力和地位，帝国也缺乏如东方拜占庭帝国那般的稳定性。现在的皇帝罗慕路斯·奥古斯都在一年前由他的父亲任命为帝，但他没有得到人民或元老院的支持。后来，军事指挥官奥多亚塞发动叛乱，推翻了皇帝和他的贵族地位。在元老院的支持下，奥多亚塞成了意大利的第一位国王。

▷ 罗马的历史又回到了原点，传统的帝国灭亡后，君主制又重新建立起来

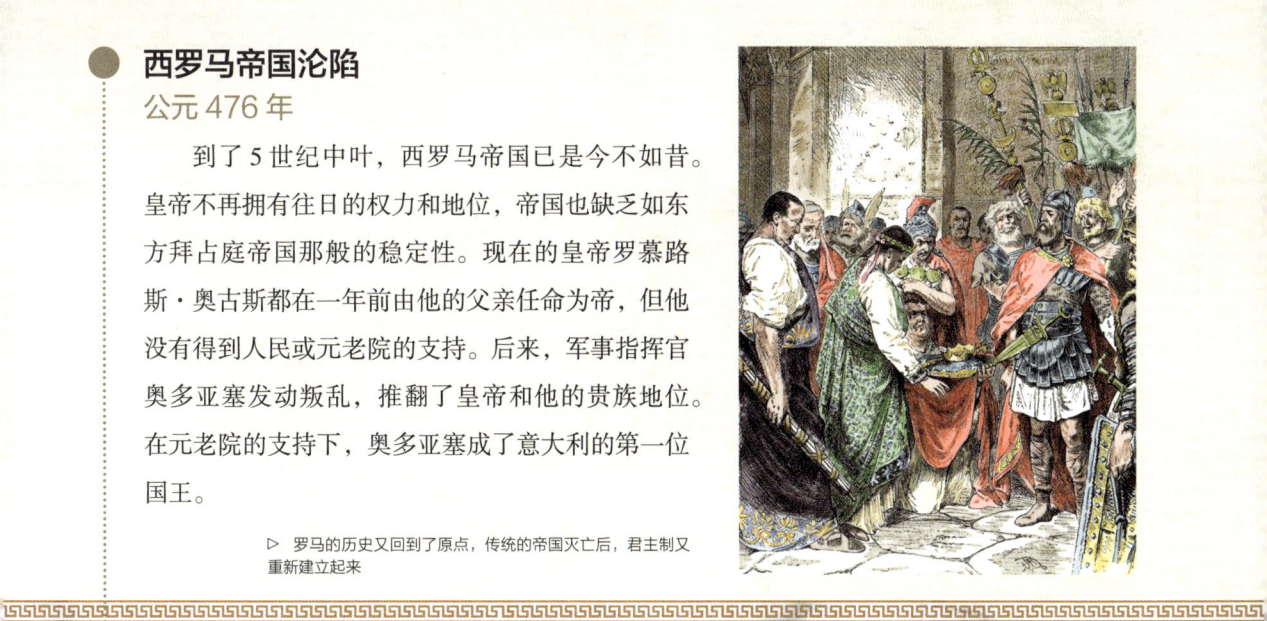

● **西哥特人洗劫罗马**
800 年来，罗马第一次被敌人成功占领。这座城市由国王阿拉里克率领的西哥特人洗劫一空，他们几乎将该城夷为平地。
公元 410 年

410 CE　　　　　　　　476 CE

"罗马帝国走在了时代的前面，即使是黑暗时代也无法消除它的印记"

罗马帝国留下的深远影响

罗马王国、共和国和帝国都非常强大，所以今天看到这个国家的遗迹并不奇怪。从语言到基础设施，罗马帝国是一个远远领先于时代的国家，即使是黑暗时代也无法消除它的印记。

帝国的官方语言拉丁语并没有随着王国的消亡而消亡，反而繁荣起来。它被采用为天主教会的官方语言，并成为事实上的科学语言。它可以在英语、德语、荷兰语和许多其他现代方言中找到。

我们的历法结构和风格要归功于罗马人——由恺撒引进的儒略历，把 365 天定为一年，并把一年分为 12 个月。也是罗马人选择将 1 月作为一年的开始，并在每四年增加一个闰年。罗马人还引进了一周 7 天的概念并用行星命名（除了星期日，它起源于基督教）。

罗马人对民主和法庭的使用至今仍在无数国家屡见不鲜，而在君士坦丁大帝统治下，罗马人信奉基督教，帮助巩固了罗马天主教会的主教地位。另外，下水道、渡槽和道路向世界展示了罗马人建造持久的基础设施的惊人智慧。

欧洲

古代海上民族
ANCIENT SEA PEOPLES

古老的水域，神秘的文明，地中海地区，公元前1275年—前1000年

在赫梯和埃及文明的黄金时代，有一种威胁永远不会消失：海上民族。他们是当时的海盗，曾恐吓过古代世界最强大的社会。他们是游牧民族，为了满足生存的需要在地中海进行掠夺和迁徙。海上民族在海洋上比在陆地上更强大，因他们从未真正树立起自己的权威，所以他们的真正国籍和种族至今仍然不为人知。但有一件事是肯定的：他们是任何与他们作对的人的眼中钉。

起床

早起是必要的。他们对食物和其他资源的争夺十分激烈，所以他们在黎明时分起床，迅速乘小船出发，这会大大增加他们获得更多物资的机会。如果当地所有的资源都耗尽了，这群人就该继续前进了，因为可能会遇到其他势力的袭击。

清晨袭击

海上民族都是航海高手，所以哪怕他们沿海袭击20艘船只，通常也都会成功。他们使用锋利的匕首，戴着锥形头盔，穿着青铜铁甲。打了就跑是他们屡试不爽的战术，清晨袭击意味着在大部分敌军做出反应之前发起攻击，这是一个要求速战速决的任务。

回到沿海社区

在一场成功的小规模战斗之后，是时候带着战利品返回了。海上民族的社会等级相对不为人所知，但也有一些被称为"首领"的人，他们在军事和政治能力方面以身作则。进入敌人的领地总是有风险的，因为有些人可能会被在埃及或赫梯文明中对生命的保障所诱惑，从而背叛部落。

战斗

尽管是海上民族，他们仍然拥有最先进的军事装备。人们使用早些时候掠夺来的东西，乘着战车，拿着锋利的长矛作战。然而，埃及人所拥有的大量资源往往会使胜利的天平向他们倾斜，令他们在战斗中略占上风，所以海上民族中一个流行的战斗策略是与赫梯人结盟参加战斗。

定时撤退

海上民族最擅长打了就跑的进攻方式。由于无法与埃及军队抗衡，尤其是在没有赫梯盟友支持的情况下，小规模冲突是最成功的战术。其中一个例子就是贾希之战，海上民族为了躲避拉美西斯三世的控制，不得不匆忙撤退。

又一次撤军

海上民族的进攻策略叫作"打了就跑"，但埃及人很快就了解了他们的作战方式。撤退后，拉美西斯会让弓箭手沿着海岸线隐蔽起来，以雨点般的方式射箭。任何一次战败都会削弱他们的民族力量，随着时间的推移，他们被认为吸收了埃及的习俗，并失去了自己的身份。

对陆地生活的渴望

海上民族一直被称为海岸线掠夺者，实际上他们也很热衷于建立内陆定居点。在一场胜利的战斗后，士兵们会将家庭用品和建筑材料以及妇女和儿童带回。在失败之后的夜晚他们会为失去开拓新土地的机会而感到惋惜。

休息时间

一天结束后，他们会将财产藏在牛车里，每晚上床睡觉的时候，他们的想法都是一样的：虽然害怕埃及人报复，但他们决心再次战斗，以获得新的土地。只要不受地中海列强的控制，他们就可以继续他们的海盗生涯。

△ 赫梯文明是古代的主要文明之一，在一段由海上民族的袭击引发的动荡之后走向衰落

△ 拉美西斯三世统治这个新王国时王国开始衰落，并与许多其他文明发生了冲突，包括海上民族。

△ 三角洲之战是海上民族与埃及人之间最大的冲突之一

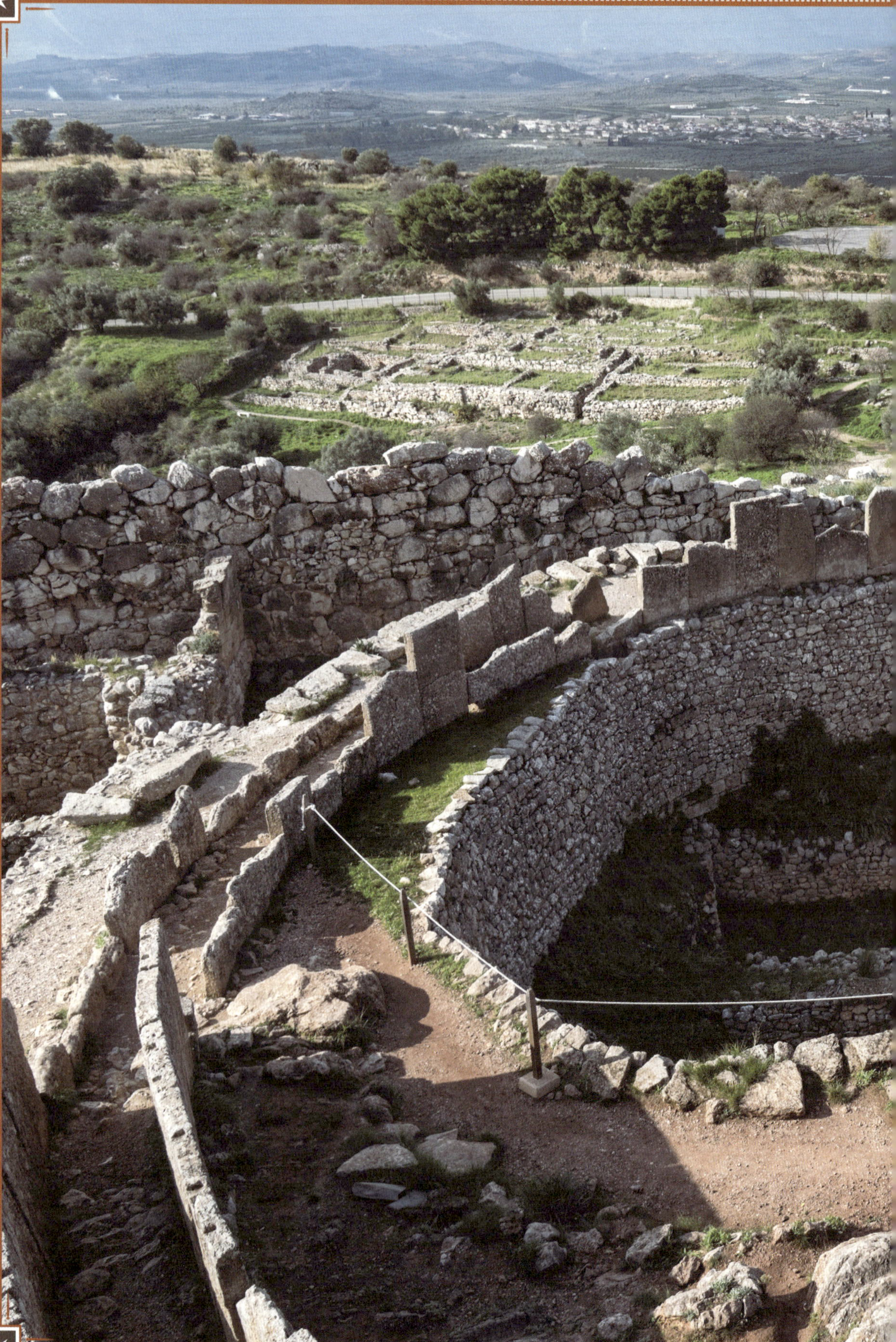

迈锡尼人

19世纪在希腊南部迈锡尼进行的考古调查发现了一座青铜时代的城堡，它统治了当地，并在公元前1600年—前1100年期间以它的名字命名了横跨希腊全境的王国。就像许多同时代的东地中海文明一样，迈锡尼时代的希腊突然落幕，其原因至今不明——可能是外敌入侵、自然灾害或气候变化——这后来被用作《荷马史诗》的背景。

古代文明史　　　　　　　　　　　　　　　　　ANCIENT CIVILISATIONS

欧洲

皮克特人
INTRODUCING THE PICTS

了解罗马人的北方邻居，
看看他们是如何在边界上作乱的

△ 哈德良长城朝向内陆湖的东面

皮克特人居住在不列颠北部，罗马人一直认为这是一个危险的地区。该地区位于索尔韦湾至泰恩河河口一线的北面，这一带从未被帝国军队永久性征服过。在克劳狄成功入侵该岛后，罗马人开始在那里行动：他们多次派遣探险队前往北方，由经验丰富的指挥官带领，如著名的阿古利可拉。公元122年—128年，此地为哈德良长城的修建补充了人力，也提供了更多的物力。

之后，帝国在位于更远的北方建起另一道加固屏障也即城墙，称为安东尼长城，偶尔有人看守。3世纪后，帝国边界再次退回哈德良长城。

最初，罗马人用"不列颠人"作为北部地区居民的统称，后来又将他们称为"皮克特人"。3世纪，历史学家卡西乌斯·狄奥提及塞普蒂米乌斯·塞维鲁皇帝在远征时写道，哈德良长城之外的不列颠人分为两个大联盟，一个是住在长城旁边的美阿泰人，另一个是住在他们更外围的卡莱多尼安人。他还指出，在这些大的集体中有许多独立的小部落。尽管塞维鲁指挥着军队，但他总在计谋上败下阵来，因为他的对手拒绝与他正面交锋。不列颠人用牲畜做诱饵引诱罗马人进入沼泽，在那里他们要么被淹死，要么无法战斗。

关于他们的习俗，卡西乌斯·狄奥指出，帝国以外的不列颠人都很凶残，他们的妻子

涂抹者
揭开皮克特人的文身故事

皮克特这个名字来自拉丁语单词"pictus"，意思是"涂抹者"。这个名字很可能是罗马士兵用来形容生活在帝国之外的不列颠人的俚语（他们把人体艺术看作一种野蛮行为）。皮克特人是在进行真正的文身，还是仅仅在身体上作画？公元5世纪，在霍诺留皇帝统治时期，诗人克劳迪安描述了皮克特人身上流淌出的"绘画生命"。

一个半世纪后，一位名叫伊西多尔的西班牙主教写道，他们身上的图案是文身。他在《词源》中，对各民族的特征讨论时说到，"皮克特"这个名字指的是他们的身体，工匠用小针尖在皮肤上留下伤疤作为识别标记。然后，用一种本地植物榨出的汁液给伤疤着色，贵族们则以他们刺有花纹的四肢来区分。伊西多尔指的植物很可能是菘蓝，产自不列颠本土，有强烈而难闻的气味，其蓝色曾被尤利乌斯·恺撒提到过。不过，几个世纪以来人们对这一结论仍持怀疑态度。

▽ 由西奥多·德·布里雕刻的一幅皮克特人的木版画，发表在托马斯·哈里奥特的《弗吉尼亚新发现土地的简报和真实报告》中

"尽管塞维鲁指挥着军队，但他总在计谋上败下阵来，因为他的对手拒绝与他正面交锋"

△ 设得兰群岛老斯特尼斯的舵手室

和孩子是共有的,他们除了铁箍之外不穿别的衣服。他的说法被另一位名叫希罗狄安的当代人进一步扩充,他解释说,铁在当时是一种贵重的金属,他们拒绝穿衣服是为了展示他们身体上的动物图案和形象。

人体艺术解释了"皮克特"这个名字的由来,大约在公元296年,高卢的一位名叫尤梅纽斯的校长写了一首诗来赞美帝国的奥古斯都之一君士坦提乌斯一世,因为他成功地平息了不列颠的一场叛乱。根据尤梅纽斯的说法,由于不列颠人只对皮克特人这样的野蛮人发动战争,胜利变得更加容易。10年后,

"皮克特人和爱尔兰人越境进入帝国领地，而法兰克人则沿着英吉利海峡进攻高卢人"

君士坦提乌斯一世又带领探险队远征不列颠，这次的诗句宣称，他在卡莱多尼安人和其他皮克特人的沼泽地和森林中取得的成功不足称道。公元306年，君士坦提乌斯一世在约克去世，他的儿子——著名的君士坦丁继承王位，被后人尊称为"君士坦丁大帝"。在这两组诗中，"皮克特"这个名字明显带有贬义，很可能是士兵们使用的俚语，呼应了北部地区不列颠人的人体艺术与野蛮的联系。

到4世纪中期，皮克特人在军事上变得更加活跃。我们所知道的大部分信息来自当代作家阿米亚努斯·马塞利奴斯，公元380年他写了一部罗马史，其中描写4世纪的部分保存了下来。为了避免花销巨大的军事战争，

▽ 一幅描绘17世纪小型克勒克艇的图画

△ 靠近苏格兰高地的顿泰尔韦圆形石塔

罗马人试图通过外交和间谍来控制局势。前者包括通过各种方式与强大的族长建立亲善的关系。这是一种古老的策略。有人认为在洛锡安的特拉勃莱因劳出土的金银财宝和其他贵重金属物品，是帝国官员为了和平而向当地族长支付的换取和平的贿金。窖藏中这些不拘一格的非传统物品可能是为了规避大约在356年颁布的一项法律，该法律禁止将硬币熔化后铸成金条，防止有人以这种方式将金条送出帝国。

为了开展间谍活动，罗马当局派出间谍潜到可能密谋反对罗马的人的身边。根据马塞利努斯的说法，这些人在不列颠被称为"阿卡尼"。不足为奇的是，有关于他们的确切细节并不多，但阿卡尼似乎是以商人或贸易商的身份活动的，他们在开展业务的同时搜集消息。

比起单纯的贿赂或间谍行动，罗马人在建筑城防这方面拥有更大的热情。但是城墙的用途也很有限，因为掠袭者可以绕过城墙进攻。吉尔达斯等作家在6世纪的布道书《不列颠的毁灭》中声称，皮克特人乘坐克勒克

△ 马格努斯·马克西姆斯是一位在战斗中打败皮克特人的指挥官，他后来成为皇帝

艇航行，他们的盟友爱尔兰人也是如此。根据当代罗马军事历史学家维格图斯的说法，罗马人使用一种被称为"皮克特船"的间谍船侦察敌军。这些细长的船上有40名船员，通体蓝色，从船体、船员制服、索具到船帆，这样可以完全融入大海。

贿赂、间谍、船只和城防：罗马当局一定认为他们已经考虑得面面俱到，确保和平的所有必要方面。公元360年左右，皮克特人和苏格兰人开始在不列颠边境地区肆虐。"叛教者"尤里安皇帝派遣他的总司令卢皮奇努斯镇压起义，并授权他选择谈判或使用武力。卢皮奇努斯通过谈判争取了几年和平，但公元364年冲突再次爆发。这一次，加入了被圣哲罗姆称为食人族的撒克逊人和阿塔科蒂人的皮克特人行列。这样帝国又避免了被卷入大型战斗。

几年后，在瓦伦提尼安皇帝统治时期，罗马人对不列颠的统治在367年的"野蛮人阴谋"中暂时结束了。皮克特人和爱尔兰人越境进入帝国领地，法兰克人沿着英吉利海峡进攻高卢人，罗马士兵中也发生了兵变。撒克逊海岸的指挥官耐克措狄被杀，一位名叫富洛法德的指挥官在一次伏击中被俘。瓦伦提尼安皇帝派了两名指挥官去扭转局势：两人都没有成功，其中一个名叫约维努斯的人回到了高卢，组建一支庞大的军队。

马塞利努斯列出了皮克特人的两个部落——迪卡里多尼人和维尔图里昂人——他们和阿塔科蒂人一起在哈德良长城南部肆虐。当第三位指挥官狄奥多西带领他的军队来到伦敦时，他发现士兵们，可能是雇佣兵，在驱赶牲畜和奴隶的同时从市民那里搜刮战利品。狄奥多西的手下不仅打败了叛军，还打败了反叛者。反叛者获得赦免后，返回了驻防部队，狄奥多西以伦敦为基地，恢复了不列颠的秩序。

无论狄奥多西的胜利给人留下多么深刻的印象，它都只是昙花一现，而并没有终结罗马人与皮克特人的交战。马格努斯·马克西姆斯是不列颠战役中的一位军官，他在公元382年的一次战役中战胜了皮克特人。这可能促使马格努斯于公元383年称帝，并将军队迁往高卢。皮克特人利用马格努斯的缺席再次南下。根据吉尔达斯的说法，这是皮克特人在450年前经历的3次战争中的第一次。

关于这场战争有许多猜测。吉尔达斯声称，当公元388年马格努斯被击败并被杀后，战争结束了。之后，来自不列颠的代表团寻找胜利者，狄奥多西将军的儿子，即现在的狄奥多西皇帝，派军队来保卫该岛。根据吉尔达斯的解释，帝国军队在边境筑起了一道草

古代文明史　　　　　　　　　　　　　　　　　　　　ANCIENT CIVILISATIONS

△　皮克特人想方设法逃脱罗马人的统治

皮墙。这究竟指的是安东尼长城，还是对哈德良长城的错误指代，目前还不得而知。

除了战争之外，由于皮克特人和罗马人接触频繁，4世纪经历了翻天覆地的变化。基督教是由罗马人带到不列颠的，早期传教士可能在后来被描述为皮克特人的民族中劳作的。3世纪亚历山大的神学家奥利金在他第六次关于《路加福音》的布道中指出："主和救世主的力量与不列颠的人在一起，与我们的世界分离。"到4世纪时，一些皮克特人已经是基督徒了——圣帕特里克在给科罗提斯的信中谴责"叛教的皮克特人"。

罗马人的影响也可能导致了居住地的变化。到了4世纪，被称为"圆形石塔"的防御工程被遗弃。这些建筑是石塔，人们和牲畜可以在那里躲避袭击者。牲畜在地上，人在上面的木台上。它们经常出现在被称为轮屋的地下住宅附近。像圆形石塔一样，轮屋也是用石头建造的，并利用土壤对温度的调节作用。这些小隔间从中心区域向外倾斜。

尽管这些房屋在这一时期之后的很长一段时间仍在使用，但一种新型的结构正在逐渐取代它——一种类似于高卢和哈德良长城以南的不列颠人所使用的长方形结构。

随着帝国对不列颠的控制进入尾声，关于皮克特人和罗马人的许多谜团依然没有解开。公元383年—411年，不列颠的各色觊觎王位之人蠢蠢欲动，皮克特人是否也是其中一员？哈德良长城沿线的修复或废弃的迹象表明，罗马当时正在修补而不是重建此处。

我们想要直接向皮克特人求一个解释，然而，马塞利努斯声称狄奥多西的战役非常成功，他能够夺回帝国控制之外的土地：这个收复之地称为瓦伦蒂亚。《百官志》证实了这一点并将其列为一个行政单位。这一区域的具体位置究竟在哪里，我们不得而知，但有人猜测这是安东尼长城和哈德良长城之间的土地。尽管如此，当公元410年罗马人离开时，皮克特人留下了，并在接下来的500年里影响着不列颠文化。

▽ 苏格兰的东洛锡安特拉勃莱因劳宝藏的一部分

△ 马其顿人在格拉尼克斯的胜利

马其顿王国
THE KINGDOM OF MACEDONIA

一个"野蛮人"的王国是如何把希腊置于自己的枷锁之下，并推翻强大的波斯帝国，最终败给罗马的

古代马其顿的历史处于亚历山大大帝的影响之下，他在一个非凡的十年中，征服了从达达尼尔海峡到印度边境的土地，建立了帝国，开启了希腊化时代。他的父亲腓力二世也是一位强大的统治者——根据希腊历史学家波利比乌斯的说法，他是欧洲迄今出现的最伟大的人。斯巴达和底比斯进行了多年战争，而腓力二世通过政治统治，使马其顿拥有一定优势，将希腊人团结在马其顿的领导下，成功地阻止了强大的波斯帝国向西贪婪扩张。

然而，马其顿的故事并不是从腓力二世开始，也不是从亚历山大三世结束，尽管这是历史学家们发现的最肥沃的土壤，但因为缺乏现存的当代历史记录而感到沮丧。马其顿没有现存的文献，这迫使历史学家从古典作家的叙述中拼凑它的历史，至少在腓力二世统治之前，古典作家认为马其顿是一片偏远的原始土地。荷马在《战船目录》中记载了围攻特洛伊的联军，没有提到马其顿。然而，这片土地位于十字路口，巴尔干半岛与希腊半岛在此相连，几个世纪以来，这一直是一条主要的贸易路线。这片肥沃的土地上有坚忍的农民和骑兵，同时盛产木材，对雅典传说中海军的建设做出了重大贡献。它也吸引了许多定居者，有人认为最早被称为马其顿人的人是被这块牧场吸引来的游牧民族。证据表明，马其顿早期的首都被命名为"山羊之地"，山羊经常出现在早期的硬币上。与希腊传统不同的是，马其顿人也是狩猎狂和宴会爱好者，这是他们生活中不可分割的一部分。

《荷马史诗》中没有提及马其顿人，甚至追溯至公元前8世纪中期的主要作品中也

> 马其顿是古代几个最富有的文明之间的主要贸易通道

△ 亚历山大马赛克，在庞贝城农牧神之家被发现，是关于伊苏斯战役的最著名的描述

是如此，尽管在赫西奥德的《妇女目录》中有一个故事讲述了马其顿和第一个马其顿人。希罗多德在他的《历史》一书中写道，希腊人被向西驱赶，进入品都斯山脉，并在那里取名叫马其顿人。尽管希罗多德在讲述公元前5世纪初波斯人入侵马其顿时，确实追溯了马其顿国王亚历山大一世的家谱，并沿着亚历山大一世追溯到佩尔狄卡斯一世，他被称为马其顿王权的创始人、宙斯和赫拉克勒斯的后裔，但这些开国传说充满了神话色彩。

尽管一些历史学家认为，这个马其顿王室实际上是一个部落，但它一般被称为阿吉德王朝。不管真相如何，到公元前4世纪，阿吉德王朝已经将希腊语作为王室的语言，但与此同时，国民和军队仍然使用一种古老的马其顿语。关于古代马其顿人的语言和起源一直有很多争论，当然，希腊人认为自己与他们粗鲁的北方邻居有着十分显著的不同。

一个关键的不同点是马其顿保留了荷马式的君主制，这与建立在强大寡头政治基础上的强大希腊城邦的统治形成了鲜明对比。即使是拥有双重王权的强大的斯巴达也发展出了一种更加平等的方式（伊索克拉底将斯巴达人描述为"在国内受制于寡头政治，在战役中受制于王权"）。然而，马其顿尽管受到来自伊利里亚和色雷斯的入侵威胁，却运用君主制的威力确保时刻处于防御状态，一个统治家族在古代中期出现，强大到足以联合不同的部落并扩大马其顿边界。

每个统治王朝都声称自己为神的后裔，以此作为一种合法性，但实际上建立这种权威地位还需要优秀的领导才能。古代部落社会中的君主有许多角色，如履行宗教职责，仲裁内部纷争等，至关重要的是，在军

欧洲

事领导方面，早期的马其顿国王似乎更胜一筹。他们早期的军事成就建立在国民的骑术之上：最早的硬币上刻有骑士的图案，《妇女目录》声称马其顿人"喜欢在马背上战斗"。

根据公元前5世纪的历史学家考察，第一任国王佩尔狄卡斯一世建立了一个定居点作为王权所在地，更名为埃迦伊。随后，国王和他的继任者开始了一段扩张时期，马其顿人最终击败了培奥尼亚人和色雷斯人，成为爱琴海北部的主要势力。

在公元前5世纪进行统治的三位国王——亚历山大一世（约公元前498年—前454年）、佩尔狄卡斯二世（约公元前454年—前413年）和阿基劳斯（约公元前413年—

马其顿战争机器

腓力二世和亚历山大三世的改革为国家带来了一支精锐军队，他们征服了一切

从5世纪后期开始，马其顿人一直是国王的得力骑兵，是一支强大的突击部队。然而，在腓力二世的带领下，他们以先进的作战战术证明了自己是该地区卓越的骑兵部队，一旦步兵交战，他们就会在敌人身后轮转，从侧翼和后方进攻。他们是铁锤，步兵是铁砧。

腓力二世为加强马其顿军队做出了很大贡献，马其顿军队是一支以步兵方阵为核心的专业常备军。他为方阵装备了新型萨里沙长矛，这是一种由坚固的山茱萸木制成的创新型长矛，长度为4至6米。

它取代了短矛，并与方阵相重叠，形成了一堵几乎无法穿透的墙。

在亚历山大三世的领导下，以精锐步兵为中心、精锐骑兵为侧翼的马其顿军队证明了他们的能力，在征服东方的过程中，他们赢得了所有重大战争的胜利。他位于骑兵队列的前面，通常以楔形队形进入战斗。他在东部重新组织了自己的骑兵，并将训练有素、采用马其顿战术的当地军队并入自己的步兵之中。他甚至将战象加入他的军队。在他死后，方阵仍然是国家的精锐部队。

▷ 马其顿方阵的插图

165

前399年）——为建立和维持这种权力做了很多工作。例如，在波斯国王大流士和薛西斯入侵期间，亚历山大一世巧妙地运用外交手段，平衡了对波斯和希腊交战势力的忠诚。关于他还流传着这样一个故事（大多数历史学家认为是虚构的）：他在决定性的普拉提战役之前到达希腊营地（他的军队在该战役中被提审为波斯一方），并透露了入侵者的计划。随着波斯人的战败，他向东扩张，获得了宝贵的金银矿和更多的木材。

与此同时，他的两位继任者带领马其顿挺过了伯罗奔尼撒战争，与雅典、斯巴达和迦勒底人结成了相互冲突的联盟，而阿基劳斯则致力于王国的基础设施建设。然而，就在马其顿在爱琴海崛起之时，公元前4世纪上半叶却发生了动荡，在短短40年的时间里，有五位不同的国王统治帝国，其中三位死于刺客之手。

直到腓力二世继承了其兄弟佩尔狄卡斯三世的王位（这位君王死于与伊利里亚人的战斗），马其顿才最终开始对其强大的邻国施加控制。腓力二世为兄长报了仇，打败了伊利里亚人，然后将马其顿的势力扩大到色萨利和色雷斯，令雅典人也处于高度戒备状态。

经过长期对峙，雅典和马其顿最终在公元前340年于希腊南部开战。腓力二世在第二年的喀罗尼亚战役中用骑兵大败敌方，很快结束了这场战争。事实上，腓力在统治期间为加强马其顿的军事力量做了很多工作，他改善了马其顿的方阵，并为他的儿子亚历山大三世（公元前336年—前323年）的征服奠定了基础。

腓力二世在整个希腊建立了马其顿霸权后，把目光投向了东方的波斯，他的儿子将这个梦想变成了现实。亚历山大继承了他父亲的那支久经沙场的军队，成为了一位更有成就的将军：在十年的时间里，他推翻波斯帝国，在格拉尼库斯河战役赢得了著名的胜利，然后是对伊苏斯和高加米拉战役的胜利。他对征服的渴望驱使他来到印度边境，最后，他的军队请求回家。当他在传说中的古城巴比伦去世时（年仅32岁），他的帝国面积达518万平方千米。

虽然亚历山大通过战斗获得了近乎神话般的地位，但他留下的空白无法填补，他的将军们划分了帝国的各省即众所周知的继承国，并发起了一场长达20年的帝国控制权之争。马其顿一直保持在中心地带，也是最令人梦寐以求的战利品。亚历山大在欧洲的摄政王安提帕特和他的儿子卡山德一直把持着王国，直到公元297年

◁ 马其顿国王腓力二世，亚历山大大帝的父亲

卡山德去世。

随后，王国陷入了进一步的动荡，最终，安提柯二世结束混乱，打败入侵的高卢人并建立稳定的君主制，即安提柯王朝，该王朝统治马其顿直到公元前168年。

随着国王腓力五世和他的儿子珀尔修斯与罗马不断扩张的军事力量发生冲突，安提柯王朝成为最后的统治王朝。马其顿战争分为四场独立的冲突，第一场是罗马和迦太基之间的第二次布匿战争中的一次战役，并以腓力的胜利而告终。

腓力的好战引发了第二次冲突，也就是库诺斯克法莱战争，这场战争以他在公元前197年战败并丧失马其顿以外的领土而告终。他的儿子珀尔修斯希望重新树立马其顿的威信，但于公元前168年在彼得那被击败。珀尔修斯被戴上镣铐带回罗马，马其顿被分为四个自治共和国。公元前152年，珀尔修斯的一个伪装者之子安德里斯库斯企图恢复马其顿君主制，引发了第四次也是最后一次战争。然而，他的叛乱被镇压了。公元前146年，马其顿成为新兴罗马帝国的第一个省，彻底失去了昔日的荣光。

> 亚历山大大帝通过征服把马其顿变成一个庞大的帝国

▽ 佩尔迪卡斯二世发行的硬币

◁ 亚历山大大帝在伊苏斯战役中使用马其顿战术策马作战

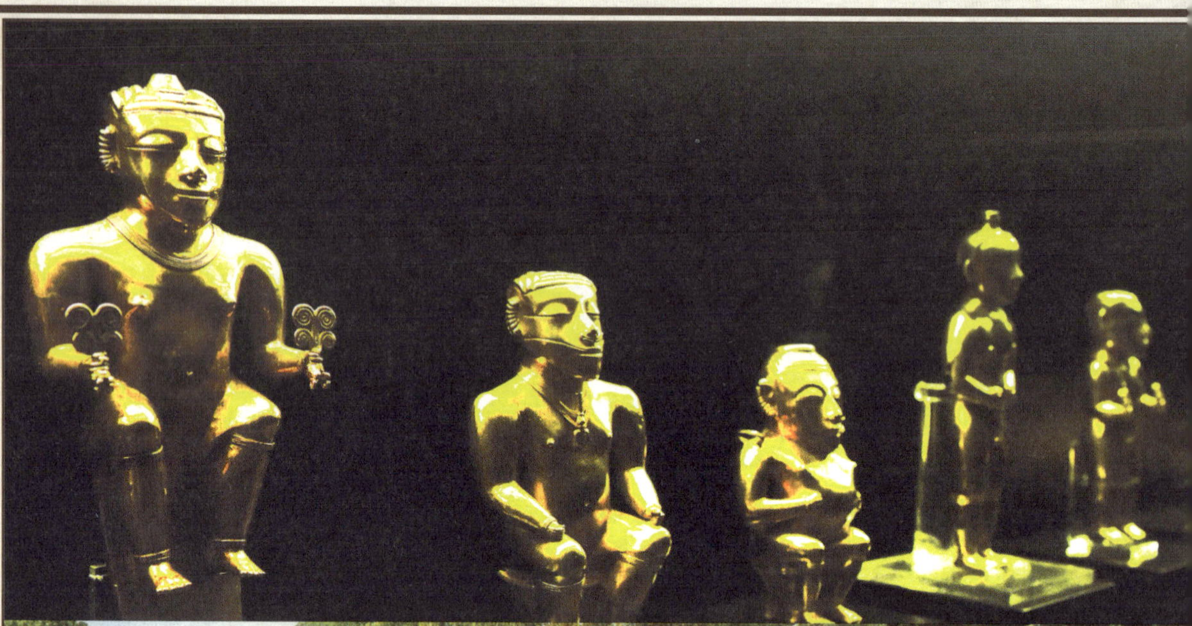

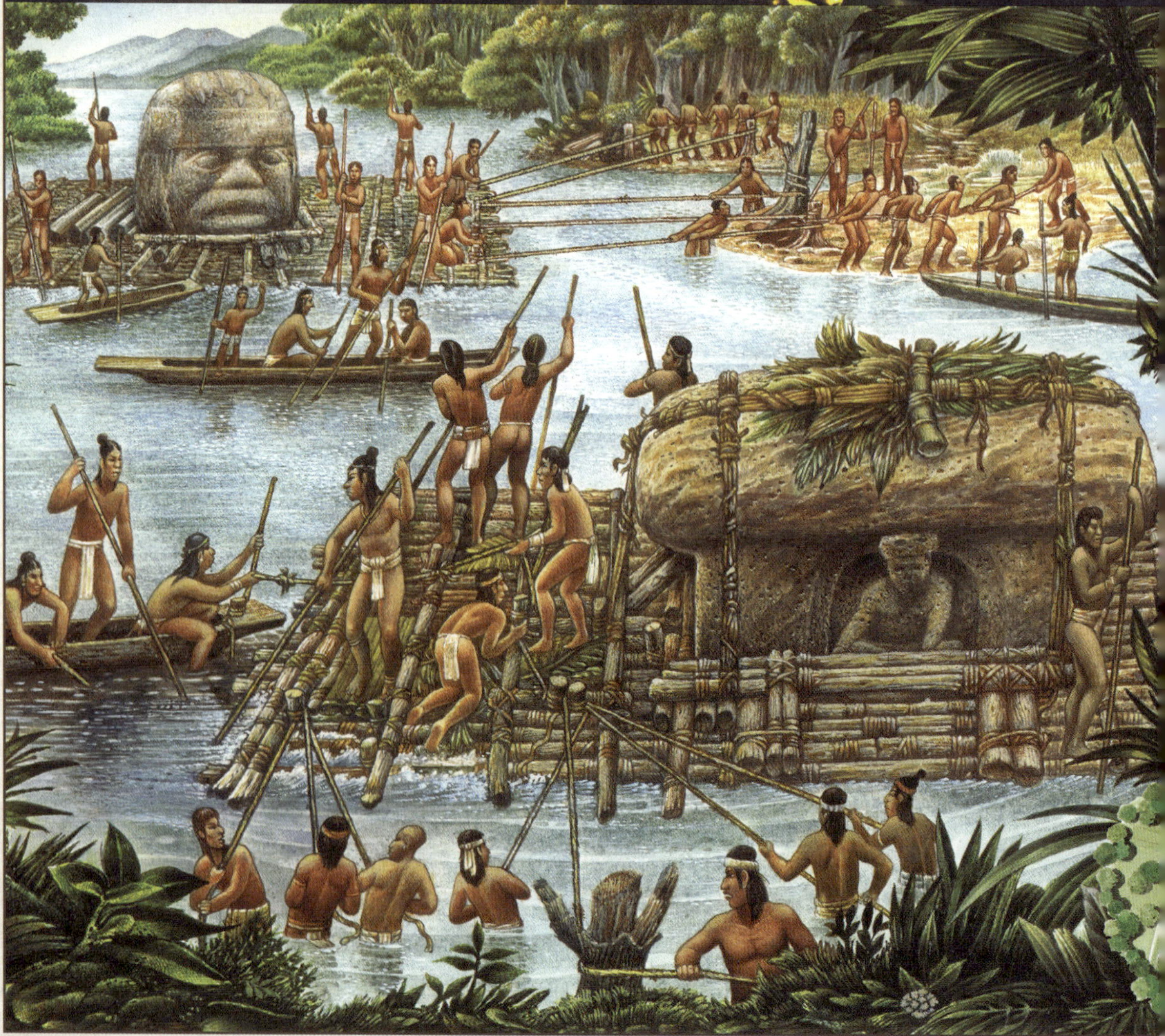

美洲

THE AMERICAS

玛雅人的秘密　171

津巴亚文明　183

奥尔梅克文明　184

查文文明　192

小北文明：美洲古人　194

"玛雅统治者塑造了神的形象，并建造庙宇和金字塔等纪念性建筑来展示他们的力量"

美洲

玛雅人的秘密
SECRETS OF THE MAYANS

宏伟的石头金字塔的建造者，天文学家和残忍人祭的施暴者，揭秘令人震惊的古玛雅世界

在中美洲炎热潮湿的热带丛林深处，一个古老而神秘的民族曾在此居住。他们穿着树皮、缠着腰布，手持火山岩制作的长矛，乍一看似乎是野蛮落后的民族，但他们对星星、医学和语言的敏感和智慧的研究在当时却领先世界。跨越数千年的时间，玛雅文明创造出的非凡建筑——石头城所产生的影响超越了这个国家的兴衰。与玛雅文明有关的神秘主义得到大肆追捧，以至于在几个世纪后，与玛雅文明有关的种种猜测仍有能力在世界范围内引领风潮。

玛雅人在墨西哥南部和中美洲北部严酷的温带沙漠中创造了一个独特文明。西班牙人进行残酷血腥的征服时摧毁了许多玛雅文物，因此许多玛雅秘密不幸被烧成灰烬。但他们无法完全抹去玛雅社会的所有痕迹，玛雅人恢宏的石头城证明了玛雅文明曾经的兴盛。直到今天，人们仍然对这个古老文明及其笼罩着的神秘主义好奇不已。

玛雅文明玛雅人领先时代的成就是，他们创造了前哥伦布时期美洲的唯一的文字系统，精确地预测了天体活动，并发展了一套比当时欧洲更先进的数学系统。但他们也参与残酷血腥的战斗，将战火蔓延到邻近的领土，俘虏敌人后，在金字塔台阶上用刀刺穿他们的胸膛。祭祀、古老的仪式、对知识的追求、超越时代的精巧工程建设，让古玛雅文明与世界文明发生了碰撞。

他们的草药医术至今仍在被研究和应用于实践，而奇琴伊察城遗址令人叹为观止的雄伟景象已被认定为世界上最伟大的奇迹之一。也许我们永远无法确切地知道这些神秘玛雅人到底是谁，但随着古玛雅的遗迹不断被发现和研究，让我们比以往任何时候都更接近于玛雅人的秘密。

> 玛雅人在墨西哥和中美洲有一个遍及各地的贸易网络，贸易内容包括衣服、武器、黄金等各种商品

古代文明史　　　　　　　　　　　　　　　　　　　　　　　　　　ANCIENT CIVILISATIONS

玛雅的祭祀文化
从日常的动物祭祀到斩首国王

斩首

斩首几乎总是用于最盛大的祭祀中，比如斩下敌人的国王，或者玛雅球类游戏"波塔波"的失败者的头颅。这是因为斩首与玛雅神话紧密相关，玛雅神话中死神砍下了玉米神的头。受害者有时会在斩首前被剥去头皮、殴打或剖腹。人们发现了许多无头和被肢解的高级贵族的万人坑。

箭祭

在这种祭祀形式中，牺牲者被绑在一根木桩上，同时会有人表演具有仪式感的舞蹈。在被作为祭品的人的心脏上有一个作为弓箭手目标的白色标记，他们会轮流射击不幸的受害者直到祭品的整个胸部都被箭覆盖。在箭祭中，重要的是让牺牲者慢慢死去，弓箭手会围绕祭品反复跳舞，然后射击。

心脏切除

这是最常见的活人祭祀形式，通常会在金字塔顶端进行。受害者被脱光衣服，涂成祭品的颜色即蓝色并戴着尖顶的头饰。残酷的祭祀开始后，行刑者将他们的心脏献给寺庙供奉的神明。这些人的尸体都不会被放过。

坑祭

奇琴伊察市有两个天然天坑。其中最大的一个是萨格拉多井，是用来做活人献祭的。受害者被扔进称为祭祀井的天坑里，作为对雨神的祭品。人们用长绳子绑住他们的身体并扔进井里，待祭品被溺死后再将其拉上来埋葬。这些仪式经常被一大群人观看，他们会在整个可怕的过程中祈祷。

放人血

这种类型的祭祀包括用锋利的物体（比如刺鲀的刺）刺穿身体柔软的部位。人们把血涂在神像上或收集到纸上然后焚烧，升起的烟被认为是连接神的通道。参加祭祀的人通常会刺穿舌头、耳朵或嘴唇，但生殖器的血液是最珍贵的，玛雅人认为它具有巨大的施肥的能力，可以促进植物和庄稼的生长。

动物祭祀

动物祭祀是迄今为止最常见的祭祀仪式，在任何重要事件之前都会进行。玛雅人没有像羊、牛等这样的动物"食物"，而是专注于狩猎野生动物。因此，白尾鹿是最常见的祭品，紧随其后的是狗和鸟。还有许多奇异的动物，如美洲虎和短吻鳄也被视为祭品。

伟大文明的时间轴

1800 BCE

公元前 1800 年
文明的诞生
玛雅人定居在太平洋海岸的索科努斯科地区，建立了永久的定居点，并且烧制了第一批泥人和陶器。

250 BCE - 100 CE

公元前 250 年—公元 100 年
经典时期
在北部的玛雅低地，与南部低地的大型中心不同，小型社区开始发展。大约在这个时期，最早的玛雅象形文字出现在石头铭文中。

△ 这个有盖的陶器是玛雅艺术的典范

172

玛雅人的医学

玛雅医学家令人惊讶的复杂实践

牙痛

治疗方法： 玛雅人非常擅长牙科，如果病人能负担得起，他们会用玉和绿松石制成假牙。如果需要充填，则使用黄铁矿（"愚人金"）。牙齿装饰也开始流行，人们把牙齿锉成尖头，磨成长方形，再钻出小孔，然后用玉石或黄铁矿填满，在上面画出图案。

疼痛

治疗方法： 治疗疼痛的方法通常是使用仪式中常用的致幻药草，让患者进入一种恍惚状态。他们通常收集花、蘑菇、烟草和用于制造酒精的植物，之后用烟熏。如果需要，可以通过灌肠加快药物吸收并立即缓解疼痛。

有毒的叮咬

治疗方法： 汗液浴，被用来帮助病人出汗并排出体内的杂质。它们也被用于治疗风湿病、发烧，缓解战争后的士兵或刚生完孩子的妇女的疲劳。热蒸汽被认为有助于净化和恢复身体，让人健康长寿。

对天花束手无策

当西班牙人开始征服玛雅人的时候，他们带来了从前技术娴熟的医学家从未见过的疾病，如流感、麻疹和肺结核。但是最终天花瘟疫摧毁了玛雅文明，在一个世纪内杀死了当地90%的人口。面对一种前所未有的大规模传播的疾病，玛雅人的天然草药疗法毫无用处。

主要原则

玛雅医学专注于一个概念，那就是生命力。这种生命力被认为可以被引向需要它的地方。治疗者的工作就是平衡这种将一切联系在一起的生命力。因为玛雅人认为，这种生命能量也通过植物运输，很多玛雅人在治疗中集中使用植物……

玛雅人的医生有他们自己的专长，从接骨到接生，他们会根据病人的需要来治疗

250-800
公元 250 年—800 年
强大的玛雅人
出现了大规模的城市建设，强大的城邦也开始出现。其人口增加到数百万，政治和经济网络在更广阔的中美洲世界稳步扩大。

800-900
公元 800 年—900 年
大范围的陷落
南部低地的主要城市逐渐衰败并被遗弃，这一事件被称为经典玛雅的崩溃，它的原因至今仍是一个谜，干旱论、战争论与生态灾难论仍争论不休。

1000-1500
公元 1000 年—1500 年
北方依然存在
北方的城市繁荣发展，那里修建了类似于现在的高速公路的道路系统以促进贸易。在奇琴和乌斯马尔的城市衰落之后，玛雅人统治了大部分领土，直到1450年的叛乱；南方的小块地区也正在慢慢重建。

古代文明史　　　　　　　　　　　　　　　　　　　　　　　ANCIENT CIVILISATIONS

△ 世界七大奇迹之一的奇琴伊察城遗迹

1502—1529

1502 年—1529 年
西班牙开始征服
克里斯托弗·哥伦布到达瓜纳加并发现了玛雅人的定居点。欧洲人进行掠夺，并将玛雅人作为奴隶。哥伦布的地理大发现和更多西班牙探险家到玛雅居住地旅行，带来了欧洲的疫病，如天花、流感和麻疹。

玛雅人领先时代的五个原因

1 天文学
　　玛雅人精通天文学，发明了一种令人难以置信的精确历法。玛雅历法的特点是错综复杂地排列着的、且环环相扣的圆圈，能够在一定程度上比我们今天使用的历法更准确地记录时间。他们还能够准确地预测天体的位置，尽管他们没有任何专门的设备。

2 建筑学
　　超过 4400 个玛雅遗址被记录在案，它们的建筑跨越了数千年时光。巨大的拉丹塔金字塔占地 18.2 平方千米，高 70 米，是世界上体积最大的金字塔之一。很大程度上得益于这些建筑的经久耐用，我们才对玛雅人有了这么多的了解。

3 艺术作品
　　考古学家们出土了大量精细的玛雅艺术品，包括大量的石雕、木雕、叙事性绘画和精致的陶器。其中最引人注目的是由玉和黑曜石等厚而致密的材料制成的物品，因为与印加人不同，玛雅人没有任何金属工具。他们的作品通常以玛雅蓝为特色，这是一种明亮的天蓝色颜料，直到今天仍然像刚画出来时那样鲜艳夺目。这种染料的成分背后的技术还没有被破解。

4 写作
　　玛雅文字是一种由象形文字组成的书写系统，而玛雅文明是中美洲唯一拥有完整文字系统的文明。玛雅人最早的文字可以追溯到公元前 3 世纪，这证实了他们在当地的文字发明者地位。复杂的书写系统使用 800 个符号的组合来代表文字，它是中美洲唯一的书写系统，基本上已经被破译。

5 数学
　　这个伟大的文明创造了当时世界上最先进的数学和数字系统之一。因为拥有这套复杂的数字系统，玛雅仅使用点、条纹和贝壳形状这三个符号就能写出非常大的数字。早在公元前 36 年，玛雅人就发展了"零"的概念，并制造了表示"零"的符号，而那时欧洲人仍在使用罗马数字系统。

1528-1530

1528 年—1530 年
玛雅人反击
在弗朗西斯科·德·蒙特霍的领导下，西班牙人开始征服玛雅人北部的领土。然而，玛雅人并没有那么容易被摧毁，他们以惊人的力量进行反击，血腥的征服持续了数年。

1540-1547

1540 年—1547 年
继续征服
西班牙的征服仍在继续。1541 年，第一个西班牙城镇委员会在尤卡坦半岛成立。许多玛雅贵族屈服于西班牙王权，但东部省份仍在抵制西班牙的统治。反叛的东玛雅人最终在战斗中被打败，数百人被杀。

1618-1697

1618 年—1697 年
最后的陷落
西班牙征服的最后阶段发生在佩腾低地。1618 年，西班牙传教士到达奇琴伊察。1622 年，一支军事远征队紧随其后。玛雅人屠杀入侵者，最终于 1697 年，玛雅王国并入西班牙帝国。

古代文明史　　　　　　　　　　　　　　　　　　　ANCIENT CIVILISATIONS

波塔波
一种古老的生死游戏

许多玛雅城镇的一个共同特点是拥有巨大的砖石建筑，用于举办盛大的宴会、仪式和摔跤比赛。然而，它们的主要使用目的和最具吸引力之处便是举办十分危险的玛雅球类游戏波塔波。随着这个古老游戏的进行，城镇变成了战场，一个神圣的地方，一个连接现世和来世的入口。两支球队面对面，谁在比赛中控球，并引导球通过一个高高的、垂直的篮筐，谁就能得分。运动员只能用臀部、肩膀、头部和膝盖触碰球，禁止使用脚或手。球员们会以闪电般的速度在球场上疾驰，带领球队取得胜利，因为一个错误的动作可能意味着生与死的差别。

球场
在2700多年的时间里，球场的形式几乎没有变化。虽然球场之间的大小差异很大，但形状基本上保持不变。球场呈"工"字形，有一条狭长的小道，两端是围起来的、带有倾斜墙面的球门区。奇琴伊察球场是最大的球场，长96.5米，宽30米。

制服
按照传统，选手们会缠腰布，腰上还会有皮革护臀。偶尔还会有护膝和一根厚木头或柳条腰带来提供进一步的保护，这也有助于用更大的力量驱动球。人们也会戴上精心制作的头饰，不过这可能只限于特殊的仪式场合。

陡峭的台阶
玛雅球类游戏的独特之处在于台阶，它在许多壁画中充当背景。虽然它们的用途尚未得到证实，但人们认为它们可能在另一种游戏或者一些游戏后的活人祭祀仪式中发挥了作用。

> 玛雅精英们在饭后享用起泡的巧克力饮料，新娘和新郎在婚礼上也会饮用这种饮料

艺术作品
庭院的墙壁涂满了灰泥，色彩鲜艳，有许多石头浮雕。这些壁画会讲述竞技场里的游戏故事，也经常描绘俘虏和献祭的场景。这些石头艺术品许多都保存至今，让我们得以深入了解玛雅人。

石环
院子的两侧都有垂直的石环。如果球穿过了环，得分队就获得决定性的胜利。然而，由于吊环仅仅比比赛中的球大一点，而且悬挂在赛场上方，比如在奇琴伊察就有6米高，所以进球是一件很难的事。

橡胶球
游戏中使用的是实心橡胶球，通常由橡胶树的乳胶制成。这些球的大小并不统一，大多数都和排球一样大，但是它们的重量是排球的15倍，有3到4千克。这些球非常重，如果被它们击中，运动员可能会受到严重伤害甚至死亡。一些玛雅文物也展示了被当成球的头骨。

生死攸关之事

波塔波的起源植根于玛雅社会的象征主义和神话，围绕着游戏的神话讲述了英雄双胞胎的故事，他们在球类游戏中打败了死亡之王，并欺骗死亡之王自斩首级。这款游戏是一场生与死之间的搏斗，它受到了高度尊崇并用来解决社会内部的纠纷。有时，这项运动用于缓和冲突以避免战争，王与王为了争夺统治权，在球场上进行战斗。

献祭是球类运动的一个重要和受人尊敬的方面，许多球场的象形文字都描绘了它。有时，俘虏会被捆绑起来，被迫参与一场他们无法获胜的被操纵的球赛，输的人会被斩首。

▽ 一幅描绘人祭场景的球场壁画

当时，斗鸡眼被认为是美丽的，所以玛雅的父母会在孩子眼前悬挂物品，让他形成斗鸡眼

3 个关于玛雅传言的真假

他们预言了世界末日

专家们利用古代铭文对玛雅人使用的中美洲长历法进行了分析。日历预言，第五太阳纪将在 2012 年 12 月 21 日结束。在玛雅历法中，这代表了"第四世界"的终结，一个巨大的世界变化即将到来，一些事情将永远改变地球的面貌。

虽然一个太阳纪的结束对玛雅人来说是一个重大事件，但这将是值得庆祝，而不是需要担心的事。这也不是日历的结束，毕竟，在这个周期之前和之后都有另一个周期。另外还发现了其他历法，证明玛雅人认为世界至少还会继续存在 7000 年。

结论：伪
在玛雅文本中没有任何证据表明玛雅人提出过这种末日理论，它表明了人们对玛雅历史和文化的误解。

玛雅人不是在墨西哥兴起的

古代文明不太可能在季节性沙漠中繁荣。埃及、中国和美索不达米亚等其他古代文明都沿着河流发展，有稳定的饮用水源。因此，更合理的假设是，玛雅人在其他地方发展，然后在他们的历史结束时到达了热带低地。

的确，人们认为玛雅文明曾在不寻常的土地上繁荣过—— 一片没有稳定水源的季节性沙漠，但否认他们有能力做到这一点就是忽视了他们的非凡成就。玛雅人发明了一种基于降雨存水的巧妙系统，还设计了第一个水压系统。此外，考古发掘的证据表明，玛雅人想出了许多巧妙的方法来应对恶劣的环境。

结论：伪
没有证据支持这个说法——无数的考古发现表明玛雅人在墨西哥低地稳定地生活了数千年。

玛雅人爱好和平

当时玛雅是一个非常发达的社会。他们主要关注的是诸如天文学、数学和写作等智力方面的创造发明。他们相信一种将万物团结在一起的生命力量，并且非常尊重和相信自然的力量，他们的医疗实践证明了这一点。玛雅人也生活在分散的、自给自足的城邦中，注重农业。

最近的发现和新解密的文字显示了玛雅人与人们曾经认为的和平主义者截然不同的一面，这表明他们之间经常发生战斗。各个城邦的统治者都渴望扩张他们的领土，他们也会付诸血腥的战争行动。坚固的防御工事、对战争的艺术描绘以及武器的发现，都有助于证明玛雅人定期参与暴力战争的理论。

结论：伪
玛雅人与大多数古代文明没有什么不同，战争是他们文化变革的主要动力。

古代文明史　　　　　　　　　　　　　　　　　　　ANCIENT CIVILISATIONS

典型玛雅城市的布局

接近神明
金字塔可以说是玛雅最著名的建筑，它们非常巨大，以陡峭的石雕台阶为特色。金字塔高60多米，宏伟高大，通常是统治者的坟墓。

星星之窗
玛雅人是敏锐的天文学家，他们为自己的建筑增加了与天象相一致的门道和窗户。供奉蛇神库库兰的巨大圆形寺庙有时会作为天文台，用来观察春分和夜空。

精英之家
精心装饰的大型建筑宫殿均位于市中心，里面居住着社会精英。宫殿通常只有一层楼高，有许多小房间和一个内部庭院。当然，也存在更大的不同层次的宫殿。宫殿是许多墓葬的所在地。

举办仪式的场所
通常由石灰石制作，仪式平台在玛雅许多城市很常见。它们通常不到四米高，上面装饰着巧夺天工的雕像、祭坛，甚至还有被钉在木桩上的受害者头颅。作为公共仪式和宗教仪式的场所，仪式平台在玛雅社会扮演着重要角色。

180

最后的秘密

玛雅人发生了什么？

公元 800 年，玛雅帝国处于鼎盛时期，其城邦从墨西哥南部扩展到洪都拉斯北部，数百万公民在他们的城镇里进行宗教崇拜并走向繁荣。然而，仅仅 100 年后，这些宏伟的城市只剩下一片废墟，人们纷纷逃离。这让一些研究人员认为，这些城市受到了突发灾难性事件的困扰，比如地震或火山爆发，但由于衰退的时间很长，这一点值得怀疑。

现代的入侵或战争假说似乎也不太可能解释当时发生的大规模崩溃。更有可能的是，一种毁灭性的传染病突然传入，在人群中肆虐。但很多人都猜测，该文明遭受了一场严重的干旱。玛雅人高度依赖降雨和狩猎，这样的环境灾难对玛雅人来说是致命的。然而，任何猜想都没有确切的证据，所以玛雅文明的陷落仍然是历史上最大的未解之谜之一。

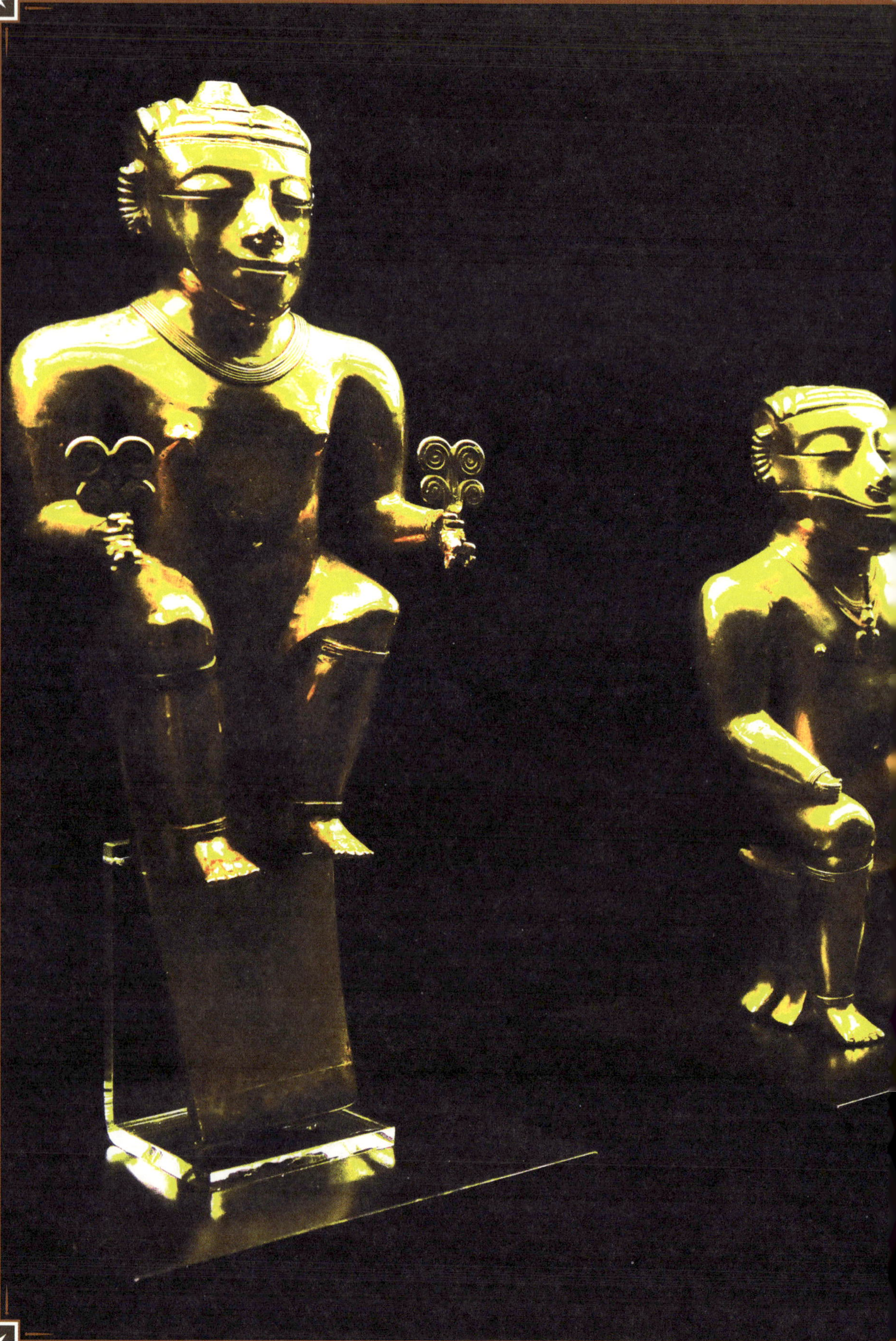

津巴亚文明

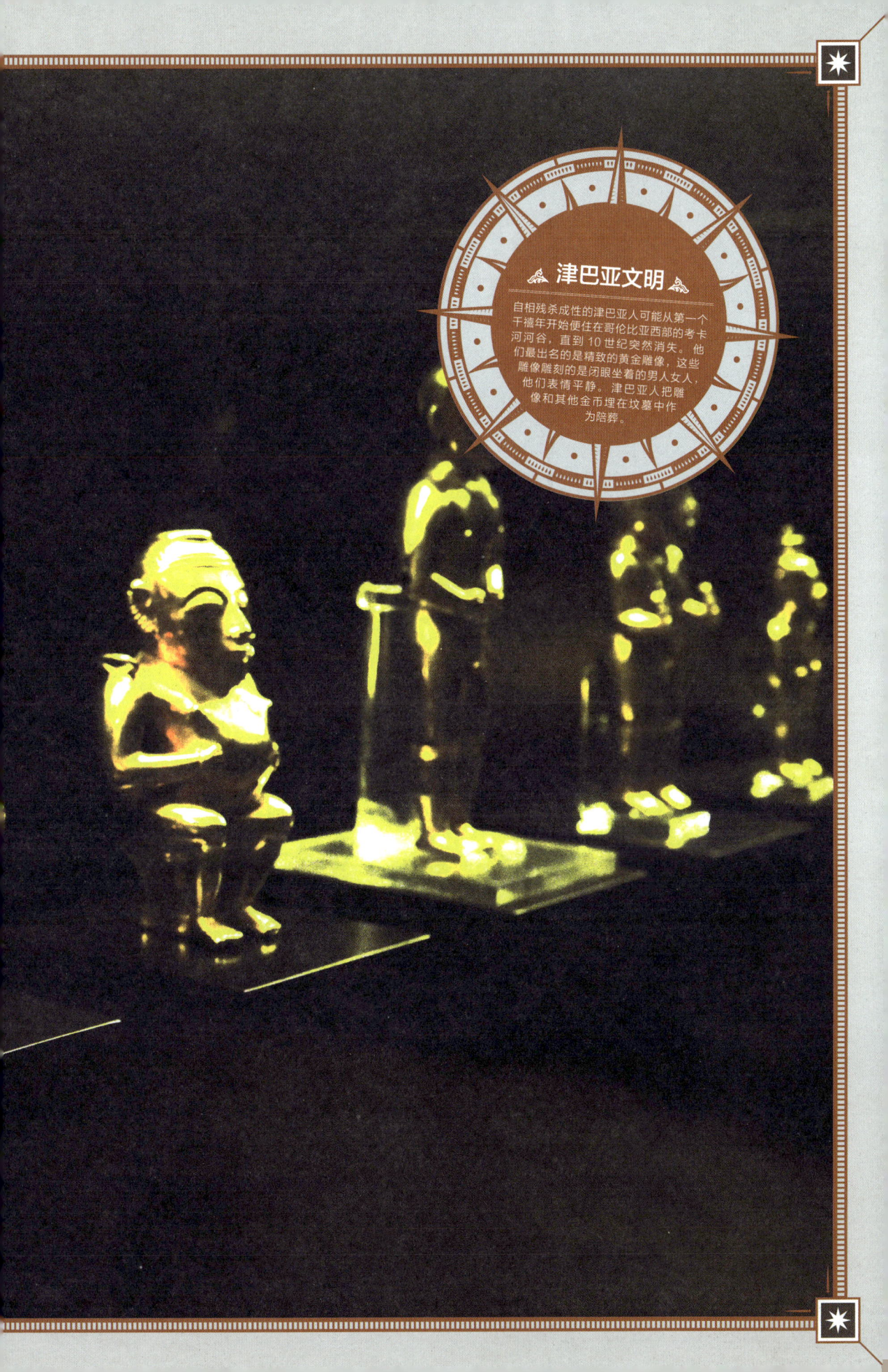

自相残杀成性的津巴亚人可能从第一个千禧年开始便住在哥伦比亚西部的考卡河河谷，直到10世纪突然消失。他们最出名的是精致的黄金雕像，这些雕像雕刻的是闭眼坐着的男人女人，他们表情平静。津巴亚人把雕像和其他金币埋在坟墓中作为陪葬。

美洲

奥尔梅克文明
THE OLMECS

一起来了解中美洲第一个伟大的文明，它在这个地区留下了非凡的雕塑和持久的遗产

中美洲第一个主要的复杂文明从人类的认知中消失了近1500年。直到19世纪中期，奥尔梅克文明才引起了历史学家的注意。当一名叫作何塞·梅尔加·塞拉诺的历史学家穿过墨西哥热带低地潮湿的牧场时，他发现了一个已经被埋藏并遗忘了一千年的巨大石头脑袋。

梅尔加这样描述这一发现："一个农场工人正在墨西哥南部韦拉克鲁斯州的惠亚潘庄园清理玉米地。在挥舞砍刀时，他发现了一个翻倒的锅，有一部分埋在地下。在庄园主人的命令下，他返回去并且把它挖了出来。使他惊奇的是，他没有挖出铁器，而是挖出了目露凶光的、由火山石雕成的大头。"

威武的休亚潘巨像以其独有的特征和巨大的规模震惊了墨西哥，也震惊了后来的世界，并促使未来的历史学家和考古学家调查创造了这个巨大头颅的神秘人。随后，在该地区又发现了另一个石头脑袋，关于两个石头脑袋的制造者，我们仍然知之甚少，但历史学家设法拼凑得到信息，越来越多的信息证明，这里存在过一个至少持续了800年的文明，其影响力仍有可能在随后的文明中体现，直到公元1500年西班牙征服了中美洲。奥尔梅克文明存在于公元前1200年—前400年之间，虽然很难确定一个年代表，也很难区分那些生活在一起、进行贸易、没有留下任何可辨识文字的文明。奥尔梅克州的中心地带包括现在的韦拉克鲁斯州和塔巴斯科州的墨西哥低地。中心地带很小——"大约18130平方千米……在墨西哥湾沿岸，集中在塔克斯拉斯山脉的火山隆起上。"历史学家理查德·厄姆·亚当斯说。

> 奥尔梅克文明存在于公元前1200年—前400年之间

▽ 奥尔梅克人巨大的石雕头像是权力和进步的大胆宣言，这些头颅很可能刻画了奥尔梅克统治者

"关于这个石头脑袋和另一个后来发现的石头脑袋的制作者，我们仍然知之甚少"

古代文明史　　　　　　　　　　　　　　　　　　　　　　　　ANCIENT CIVILISATIONS

炎热潮湿、多沼泽的低地经常"被暴雨和每年的大河洪水淹没"。但这也意味着这些地区土壤非常肥沃，就像印度河流域和美索不达米亚肥沃的新月地带一样，这就是一个复杂文明的发展背景。

土地为奥尔梅克人提供了丰富的资源，如鱼类、野果、浆果和其他植物。奥尔梅克人可能不太依赖农业来维持生计，他们也没有可以驯养的畜群，所以存在了几千年的狩猎传统被奥尔梅克人延续了下来。

"奥尔梅克"一词最早是由该地区的欧洲人、西班牙修道士贝纳迪诺·德·萨哈贡在1569年的佛罗伦萨抄本中记载的。萨哈贡在他所著的《新西班牙诸物志》中记录了阿兹特克人的习俗和信仰，他从阿兹特克人的纳瓦特尔语中记录了"Olmecatl"一词，鉴于奥尔梅克人1000年前居住于低地地区，这个词的大致意思是"橡胶地的子孙"。奥尔梅克人不太可能孤立地超越该地区的其他文明，贸易和来自其他地区的影响可能促进了奥尔梅克人的发展。奥尔梅克人从坐落在高原上的圣洛伦佐市中崛起。这块高地的意义，也许比那巨大的头颅更重要，它是文明进步的重要标志，因为它被奥尔梅克人频繁修建、扩充，需要借由大量的组织工作和巨大的凝聚力。亚当斯报告说，这"可能涉及堆积超过213万立方米的数量惊人的材料。这种工作（显然）超出了一个普通村庄甚至多个村庄的组织能力或劳动能力"。他指出，城市建设程度是社会发展的一个显著标志，表明奥尔梅克人的能力远远超出了同时代其他村庄和文明。

圣洛伦佐建于公元前1200年左右。遗址包括几个巨大的石头和雕刻品、祭坛、人造土丘、露天广场，可能还有一个排水系统和球场。作为"橡胶之乡"，著名的中美洲球类比赛很可能就是在这里起源的，两支球队互相投掷或击打一个坚固的橡胶球。奥尔梅克人的雕像刻画了球类运动员，其巨大的头颅暗示着这个游戏曾经发生过并且具有重要的象征意义——人们通常认为这些雕像上的人们所戴的头盔是在球类运动中佩戴的，而不是在战斗中佩戴的。

圣洛伦佐的社会结构并不确定，人们通常认为这座城市由一个酋长统治，有一个社会精英阶层和较低的阶层，根据职业划分为不同的种姓。人口大约是1000人，这个数量很难确定。

圣洛伦佐虽然一度繁荣兴盛，但它却在公元前900年陷入了永久的衰落，许多雕像和纪念碑都遭到了破坏或摧毁。无论是由于入侵、移民还是内部社会矛盾重重（也可能是饥荒或派系分裂造成的），圣洛伦佐最终被遗弃了。

然而，奥尔梅克人的其他遗址继续存在，主要是在特雷斯·萨波特斯（巨石头像被发现的地方）、洛斯塞洛斯和最引人注目的拉文塔。拉文塔位于韦拉克鲁斯和塔巴斯科之间的一个岛屿上，早在公元前2200年，这里

> 奥尔梅克人从坐落在高原上的圣洛伦佐市中崛起

The Americas美洲

◁ 拉文塔大金字塔曾经矗立的土丘。金字塔在中美洲广泛用于宗教仪式

▽ 拉文塔的马赛克地板或小路,由蛇纹岩石制成。玉石在奥尔梅克人中很受欢迎,可能具有象征意义

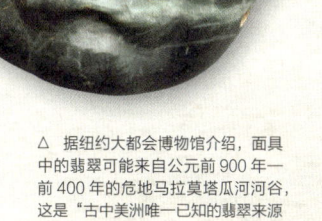

△ 据纽约大都会博物馆介绍,面具中的翡翠可能来自公元前900年—前400年的危地马拉莫塔瓜河河谷,这是"古中美洲唯一已知的翡翠来源地"

△ 巨大的头部通常代表头盔

就有农业村庄。拉文塔在圣洛伦佐衰落的同时发展壮大，成为中美洲最重要的城市之一。

有证据表明，拉文塔拥有宗教建筑群、玄武岩柱、仪式地点、玉马赛克以及一个30米高的金字塔结构建筑，揭示了一个复杂的社会。

拉文塔的布局非常细致：纽约大都会艺术博物馆称，"可能出于天文原因，拉文塔的仪式中心排列方向平行于北偏西8度"。建筑的布局是对称的，北向南走向，而且在关键的地方还有巨大的石头头颅。一些历史学家提出，拉文塔是一个朝圣地点，实际上这里人口很少，但关于这方面的研究并没有定论。

无论拉文塔是否是朝圣之地，证据都表明宗教是奥尔梅克人生活的主要部分。奥尔梅克人很可能信奉多神，但根据建筑物和雕像上描绘的对象的数量判断，美洲虎最为重要。许多关于这种动物的雕塑和雕刻都表现了美洲虎与人类（通常是一个孩子）的变形。美洲虎在中美洲是一种非常重要和具有象征意义的动物，在其后的文明中（最著名的是玛雅和阿兹特克）人们将权力、威望和超凡的力量都归功于这种令人生畏的猫科动物。

人们普遍认为自然界的其他方面也被神化了，玉米神和蛇神就是典型的例子。根据亚当斯的说法，后者可能是奥尔梅克众神扩张的一个例证。另外被神化的生物还有鲨鱼和鹰。

人们对奥尔梅克人的了解大多基于现存的那些奇妙的艺术作品。巨石头像是奥尔梅克人最独特的表现形式，是令人印象深刻的劳动创造和艺术壮举。根据历史学家克里斯托弗·普尔的说法，其中最重的一颗重达40吨。巨大的石块被拖过了长达70千米的沼泽和溪流，然后被雕刻出来，放置在城市的重要交叉路口处或大型石头祭坛旁。普尔说，挪移它们所需要的努力"证明了统治者的非凡权力"。头颅的面孔最有可能是统治者本人——

The Americas   美洲

◁ 在拉文塔遗址发现的若干祭坛之一。祭坛可能是为了放置王座，或在仪式中使用

▽ 镂空的婴儿形象是典型的奥尔梅克物品。它们经常在墓地中出现，这让很多人相信它们可能是儿童祭祀的替代品或重生的象征

这是王权的艺术表现。

也有较小的艺术品，现存有无数例子，比如由小石头、木头和玄武岩雕刻而成的人、动物和神。绿石尤其是玉石也被高度珍视，用来制作雕像、精致的面具和珠宝。大部分绿石是进口的，这是奥尔梅克人在整个地区建立的早期相对成熟的贸易联系的例证之一。陶器也被用于艺术，制作器皿和镂空的陶制"婴儿"雕像，而铁矿石被用来制作镜子和项链上的装饰物。

奥尔梅克人的艺术表现形式在中美洲被引进、采用和模仿，这是他们作为伟大文明最具代表性的特征之一。因为这样的艺术表现需要大量技巧，几乎没有什么物质目的，只被精英们所需要，所以它们展示了奥尔梅克社会的发达程度，同时也证实了精英在他们社会中的存在。

几十年后，大约在公元前400年，拉文塔被遗弃，走向衰落，奥尔梅克人的时代就此终结。目前还不清楚是什么导致了这个伟大文明的终结，有关的说法包括长期的极端恶劣天气、过度耕作、河流干涸，甚至是迫使奥尔梅克人寻找新牧场的火山活动。不管出于什么原因，奥尔梅克人消失了，直到几个世纪后，他们的不朽艺术品才开始在墨西哥丛林中被发现。

奥尔梅克人留下了什么

虽然在历史长河中消失了很长一段时间，奥尔梅克人仍然在随后的文明中存在痕迹。

奥尔梅克人对中美洲文化的影响究竟有多大，人们对此争论颇多：作为一种建立了广泛贸易路线的文明，思想的双向交流几乎是不可避免的。鉴于奥尔梅克人的成就万众瞩目，他们的同时代人，无论是自愿的还是被迫的，很可能都或多或少继承了一些奥尔梅克人的特点。

宗教特征，如对美洲虎的崇敬、羽毛蛇的形象、整齐排列的城市和金字塔的建造，都从奥尔梅克人开始传播开来——不管他们是否是这些做法的最初创造者。这些特征可以在一千年后的萨普特克人、玛雅人甚至阿兹特克人身上看到。同样，那些与奥尔梅克人球类运动相似的运动也被广泛传播，甚至现在，还有某些地区在进行着这项运动。

奥尔梅克人对中美洲宗教、文化、城市轮廓线和仪式的影响，以这样或那样的形式持续着，直到1521年和16世纪余下的时间里，中美洲的生活被西班牙征服者所代表的"旧世界"颠覆。

189

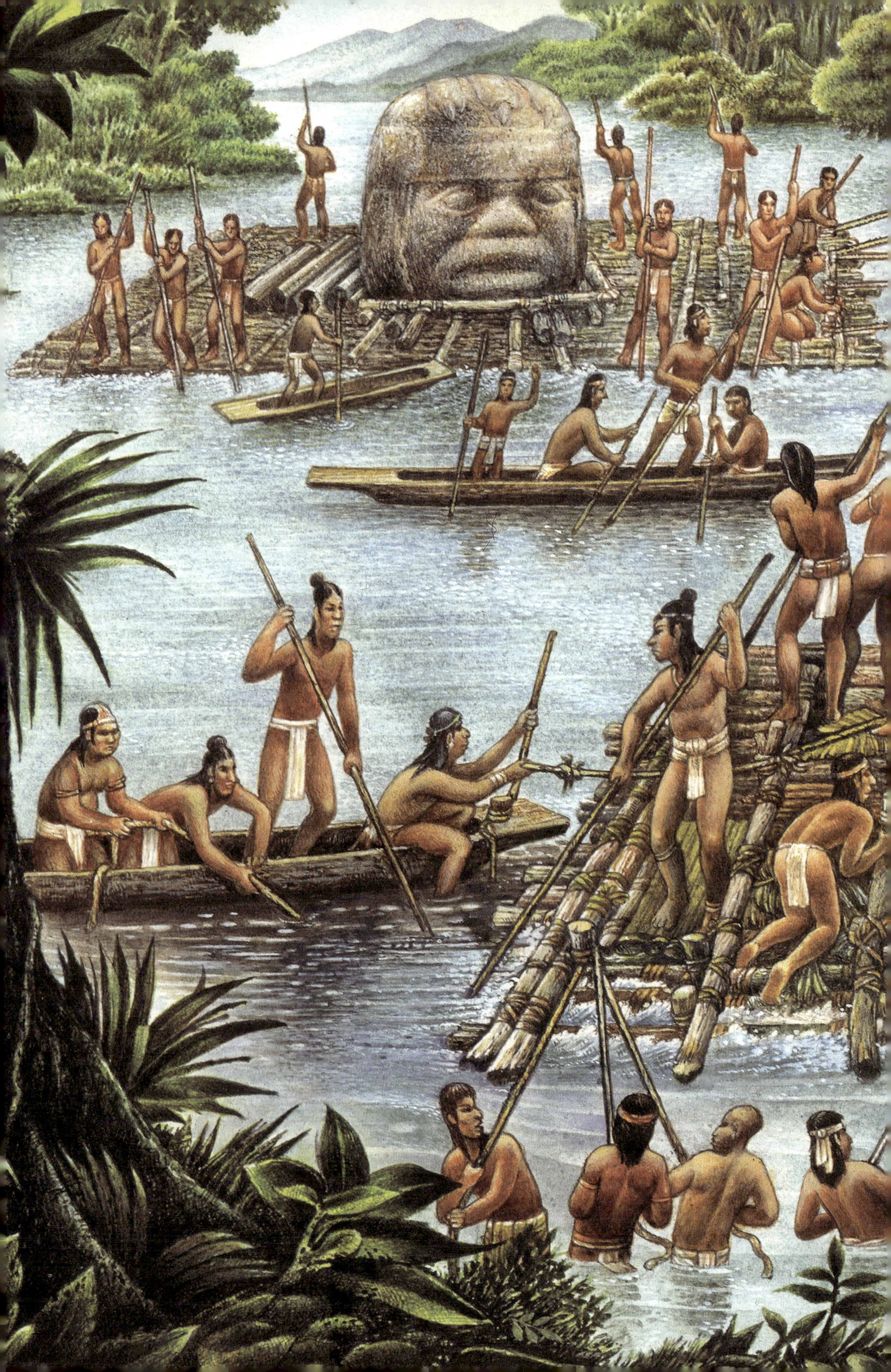

▽ 奥尔梅克人利用这条河来运输雕塑和其他物品

查文文明

繁荣于公元前900年—前200年,查文文明是哥伦布到来之前的秘鲁最早的高度发展的文明。它见证了当地文化第一次在共同的意识形态或宗教下走到一起,在鼎盛时期其人口在2000到3000人左右,领土面积在405公顷。今天,查文文明以其艺术而闻名,以当地和遥远地区的动物为特色,展示了其深远影响。

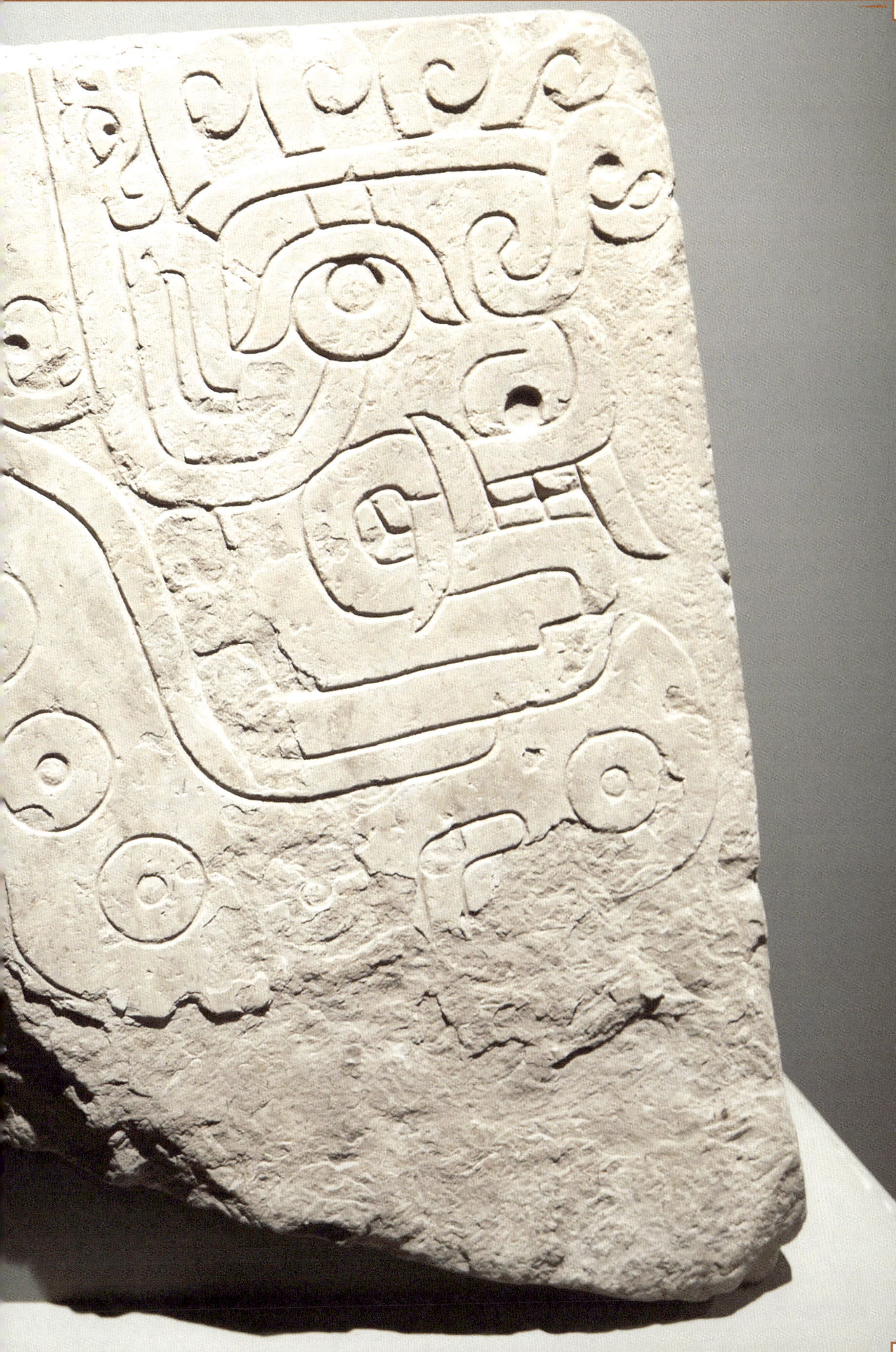

古代文明史   ANCIENT CIVILISATIONS

美洲

小北文明：美洲古人

NORTE CHICO: ANCIENTS IN THE AMERICAS

它是美洲已知最古老的文明，建造了巨大的建筑，但五千年后却难觅踪迹。以下是考古学家在秘鲁沙漠中的考古发现。

当埃及建造吉萨大金字塔时，世界另一端的另一个文明也在建造纪念性的金字塔，他们建造的一些城市甚至可以追溯到更早的几百年前。然而，与古埃及文明相比，我们只能收集到关于这个文明的零星信息。它就是小北文明，美洲最古老的文明。

放射性碳年代测定法显示，美洲古人出现在公元前4000年左右，公元前3000年时已经非常繁荣，生活在现在的秘鲁地区。小北地区也被称为卡劳尔文明，建在秘鲁中北海岸和福塔雷萨河、帕蒂维尔卡河及苏佩河周围的山谷里。灌溉对部落的发展至关重要，据我们所知，北部有多达30处遗址，可美洲古人并没有迁徙太远。只要站在一个定居点

The Americas　　　　　　　　　　　　　　　　　　　　　　　　　　　　　　　　　　　　　　　美洲

的金字塔顶端，就有可能看到远处的另一个定居点。

他们建造了宏伟的建筑，最明显的是阶梯状的矩形金字塔和下陷的圆形露天剧场。这些建筑保存了下来，但这里没有发现陶器，几乎没有艺术和宗教活动。小北文明在公元前1800年左右已经衰落，可能是由于人们遗弃干旱的土地转而寻找更肥沃的土地。由于针对小北文明全面的考古研究在20世纪90年代才开始，尽管有一些有价值的线索，但人们在探索关于小北文明的知识方面还有很长的路要走。

△ 早在5000多年前美洲古人就开始建造纪念性的金字塔了，这比奥尔梅克人在中美洲的繁荣发展早了几千年

古代文明史　　　　　　　　　　　　　　　　　　　　ANCIENT CIVILISATIONS

卡拉尔

这座古都是探索小北文明的主要地点，是许多旅行爱好者的向往之地，也是无价的考古遗址

最令人印象深刻的小北文明遗址位于秘鲁苏佩山谷的沙漠中，在该国首都利马以北约 193 千米处，距离太平洋岸 224 米。今天，这个地方被称为圣城卡拉尔。它拥有 6 座金字塔、露天剧场、广场、许多较小的土堆和住宅建筑群，在公元前 3000 年这里曾是一个人口多达 3000 的繁华城市，是小北文明巨大建筑群中的一颗宝石。最大的平台高达 18 米，基座宽约 150 米。

卡拉尔被称为"圣城"，用于举行仪式，但废墟中发现了令人印象深刻的建筑物和较小的住宅，这表明小北文明的社会是有精英阶层和等级制度的。

虽然几乎没有证据表明当时的人有艺术方面的成就，但他们可能很有音乐天赋，在卡拉尔发现了 32 支用鹈鹕和秃鹰的骨头雕刻而成的长笛。其中最令人着迷的发现之一是打结的绳，它被用作基本的书写系统或记录数字，可能与贸易有关。

△ 在卡拉尔的一个金字塔前矗立着一块"万卡"（立石），它被认为具有重要的仪式意义

阿斯佩罗

美洲人是喜欢内斗，还是和他们的邻居作战如果是对外战斗的话，他们却没有留下任何痕迹

阿斯佩罗是在秘鲁海岸出土的众多小北文明遗址之一。这里曾是一个繁忙的捕鱼者聚居地，挖掘出的渔网和鱼钩证明了这一点。虽然遗址在 20 世纪初就被发现了，但直到 20 世纪 70 年代才开始进行大规模的考古工作，从那时起，人们开始了解阿斯佩罗主要建筑群的形态。矩形阶梯式金字塔的顶部有建筑，楼梯通向地下的圆形剧场，这是许多小北文明遗址的显著特征。

阿斯佩罗有两个巨大的平台式土丘，分别叫作祭祀神庙和偶像崇拜神庙，但明显缺乏某种类型的结构。这里没有防御工事，这与小北地区的其他定居点一致。从没有发现城垛、武器或带有战伤的骨骼可以推测，美洲古人之间没有战争。

▽ 阿斯佩罗的华卡·德·洛斯·拜洛斯土冢插图

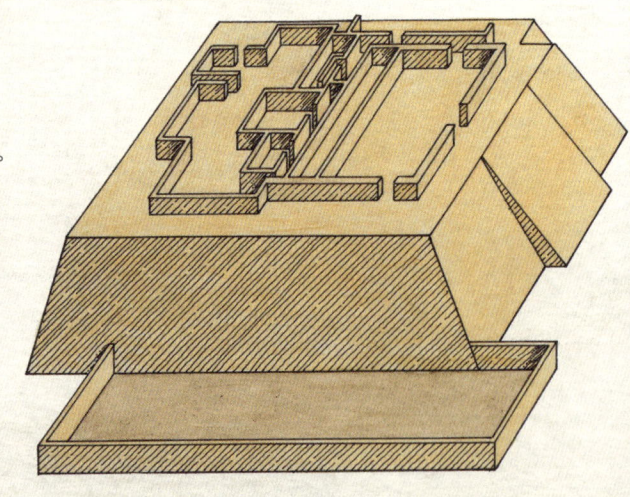

华里坎加

很久以来，人们都声称卡拉尔是美洲最古老的城市，但远古物件的出土让此观念受到质疑

早在公元前3500年，位于福塔雷萨山谷的华里坎加是小北文明最古老的城市。包括最大的土丘在内，它长达200多米。那么，他们是如何进行如此大规模的建筑工程的呢？

他们的秘密就是"希克拉袋"，即用结实的芦苇和草制成的圆网袋，里面装满石头，然后由工人扛在背上运到指定地点。在那里，他们把施工壕沟排成一排，以加固墙壁。这使得金字塔在古代文明中达到了不可思议的高度，并帮助它们保留了5000年。

用草制成的希克拉袋对放射性碳年代测定来说至关重要——考古学家能够据此确定华里坎加是最古老的小北文明城市。

它也可能是一个宗教中心，人们从偏远的定居点来这里进行季节性的仪式。可能出于仪式的目的，这里有两块大的"万卡"（立石）。也就是说，我们了解到的有关美洲古人的宗教信仰方面的资料是有限的，只有一个公元前3000年葫芦上的神的形象。

△ 像这样的"希克拉袋"标志着对小北文明城市进行年代测定进程的一大步

古代文明史　　ANCIENT CIVILISATIONS

班杜里亚

**虽然这片沙漠远非发展农业的理想之地，
但创新的灌溉系统意味着美洲古人是在吃饱肚子的情况下建造了巨大的建筑**

在数千年的沙子和泥土被移走之前，巨大的金字塔和班杜里亚土丘被误认为是天然的岩石山丘。据班杜里亚考古项目负责人亚历杭德罗·楚·巴雷拉介绍，它们被发现于1973年，其历史可以追溯到公元前3200年。如果是这样的话，这座得名于该地区一种鸟类的城市就比卡拉尔更古老。

有一点很奇怪，即在班杜里亚的出土文物中从来没有发现过陶器。一般来说，陶器是一个古老民族的永恒特征，也是一种文化艺术的表象。然而，小北文明似乎没有，这意味此地少有艺术案例，也没有炊具。可以理解的是，由于靠近太平洋，海鲜在他们的饮食中占了相当大的比例，但当地农业也十分成功，灌溉系统使之成为可能。我们还发现了南瓜、豆类、红薯、鳄梨和其他一些水果蔬菜的痕迹。长期以来，人们认为在美洲古人的饮食中没有谷类作物，虽然他们似乎确实吃玉米，但玉米并不是主食。

▽ 近几十年来，班杜里亚的部分地区已经遭到破坏，但平台式土丘仍然屹立不倒

骨凳

小北文明当然从海洋中受益，但他们与海洋建立了怎样的关系却引起了极大的争议

自20世纪90年代以来，有两组主要的考古学家在小北文明遗址工作，一组由秘鲁人露丝·沙迪·索利斯领导，另一组由美国夫妻团队乔纳森·哈斯和威妮弗莱德·克里默领导。

他们经常展开激烈争论，但最有争议的问题是，小北文明是否从根本上来说隶属于海洋文明。

对一些人来说，公认的看法是他们先在沿海繁荣起来，然后迁往内陆，在那里建立了像卡拉尔这样的城市。毫无疑问，大海是萌生小北文明的一个重要元素，这一点可以从用鲸鱼骨头制作凳子看出来。然而有人提出，内陆定居点实际上与沿海定居点几乎同时出现，或许前者出现时间更早，农业是他们成功的关键。无论哪一个先出现，内陆和沿海的居民都发展了一种强大的相互依赖关系，后者提供海鲜，而前者种植的棉花对制造渔网来说至关重要。

△ 这个美洲古人使用的凳子是用蓝鲸的脊椎骨制成的

丧葬文化

**最近的一项发现带来了一个问题：
小北文明的社会是否建立在性别平等的基础上**

2016 年，秘鲁考古学家露丝·沙迪·索利斯宣布了一项重大发现：一名小北文明时期妇女的坟墓。由于缺乏有关他们生活方式和习俗的细节，这次葬仪引发了一些引人注目的问题。据推测，这名女子大约在 4500 年前去世，年龄在 40 到 50 岁之间。她被埋葬在阿斯佩罗，身上裹着一层布料，从她所携带物品的质量来看，她可能是一个社会地位很高的人。这些墓葬物品包括骨头雕成的笛子、脊椎或贝壳制成的吊坠以及四枚装饰着猴子和鸟类图案的骨头胸针。这些物品可能暗示了小北文明的贸易范围，因为它们暗示了贸易与亚马孙丛林的联系。还有一个罐子，里面有蔬菜和种子的痕迹。沙迪·索利斯称：“这一发现为性别平等提供了证据。也就是说，女性和男性都能扮演领导角色，获得较高的社会地位。”

▽ 这名小北文明时期女子的墓葬是在阿斯佩罗遗址中发现的

The Americas 美洲

图片所属

15   Alamy, Look and Learn, Creative Commons; sailko, O.Mustafin, Rais67, Claire Pouteau
24   Getty Images
31   Alamy, Getty Images
37   Alamy, Corbis
50   Thinkstock; Adrian Mann; John Man;Terracotta Army Museum
56   Alamy, Getty Images, Creative Commons; BabelStone
64   Alamy, Getty Images
66   Alamy
75   Getty Images, Creative Commons; Carlo Raso, Marie-Lan Nguyen , Makthorpe
103 Getty Images. Creative Commons; Sven-Steffen Arndt, Jeff Dahl, Clemens Schmillen, Fabrizio Demartis
112 Alamy, Getty Images
125 Alamy
128 Look and Learn; Alamy; Thinkstock
129 Look and Learn; Alamy; Thinkstock
142 Karl Hammer
147 Alamy, Thinkstock
149 Archaeological reconstruction of Raffaele D'Amato and Andrea Salimbeti, Colour plate of Igor Dzis
150 Archaeological reconstruction of Raffaele D'Amato and Andrea Salimbeti, Colour plate of Igor Dzis
152 Getty Images
160 Alamy, Getty Images, Creative Commons; Darren Copley, Van de Beek, Tyssil
161 Alamy, Getty Images, Creative Commons; Darren Copley, Van de Beek, Tyssil
167 Alamy, Getty Images, Creative Commons; Classical Numismatic Group Inc, Marsyas
181 Look & Learn, Thinkstock, Sol 90 Images, Corbis, DK Images, Creative Commons; Bryan Derksen, Sémhur, Elelicht, CharlesS
189 Alamy, Getty Images, Creative Commons; Alice K. Bache, Ruben Charles
199 Alamy, Getty Images, Creative Commons; Guillermo Arévalo Aucahuasi, Eniol, Id hiroki, Håkan Svensson Xauxa

署名文章

失落的文明　杰克·格里菲思
印度河流域文明　哈雷思·AI. 布斯塔尼
阿卡德帝国　斯科特·里夫斯
巴比伦王国（公元前 597 年）　蒂姆·威廉姆森
古中国的秘密　约翰·曼
古匈奴的兴亡　大卫·克鲁克斯
朝鲜三国时代　哈雷思·AI. 布斯塔尼
波斯的黄金时代　艾普尔·马登
库施王国　威尔·劳伦斯
阿克苏姆王国　哈雷思·AI. 布斯塔尼
皮克特人　本杰明·哈德森
马其顿王国　威尔·劳伦斯
玛雅人的秘密　弗朗西斯·怀特
奥尔梅克文明　詹姆斯·普莱斯
小北文明：美洲古人　多米尼克·埃姆斯